KB231656

코끼리 귀를 당긴 원숭이

- 히딩크식 창의력을 배우자 -

강충인 지음

가림출판사

책머리에

반세기 한국 축구의 혁명을 일으킨 히딩크는 선수들에게 강자로 살아남는 방법과 기술을 훈련시켰다. 이에 무엇을 어떻게 훈련시켜 거대한 코끼리군단을 물리쳤는가, 그의 혁명비결은 무엇인가를 분석하여 기업혁신, 자기혁신을 일으키고자 한다.

이 책에서는 거대한 코끼리와 꾀돌이 원숭이를 등장시켜 코끼리와 원숭이의 습성과 사고방식을 히딩크의 전략과 비교하여 창의력 개발을 어떻게 해야 하는가를 제시하여 기업과 개인의 개발에 도움을 주고자 하였다.

또한 축구라는 경기를 통하여 기업과 개인이 어떻게 변화해야 창의력을 키울 수 있는가의 방법도 제시한다.

48년 동안 한 번도 이겨본 적이 없는 한국 축구를 15개월 만에 세계 4강으로 성장시킨 히딩크의 훈련방법과 리더십은 기업경영과 개인의 자기개발에 이정표가 될 수 있다.

주변의 무수한 비난과 비평 속에서도 소신껏 사신의 지도력을 발휘한 히딩크는 기업 경영자에게 창조적 경영기법과 리더십을 보여 주었다.

월드컵경기 전 김남일 선수의 연봉은 2,400만 원이었다. 그렇지만 월드컵이 끝난 후 그의 몸값은 연봉 300만 달러 이상으로 뛰었다.

연봉시대에 자신의 몸값은 자기개발(혁신)을 통해 만드는 것이다.

이 책에서 제시하는 4단계 창의력 개발과정을 읽고 나면 누구든지 창조적인 자기 혁신을 할 수 있는 능력을 갖게 될 것이다.

히딩크는 경기를 이기려고 하지 말고 즐기라고 했으며, 힘으로 하지 말고 생각하는 축구를 하라고 했다. 축구에서 힘은 필수조건이며 철저한 개인별 체력훈련으로 만들어진다.

건강한 체력에서 창의력이 발휘된다.

이 책의 내용은 히딩크의 선수 선발에서 훈련, 경기에 이르는 모든 과정의 분석을 통하여 리더십과 팀워크의 훈련방법 및 자기변화를 위한 혁신방법과 창의력개발의 방법을 습득하도록 구성하였다.

특히, 필자는 창의력교육 전문가로서 무조건 생각하는 것보다는 TQ(Think Question) 창의력 5가지 요소에 의하여 구체적이고 과학적으로 분석하여 생각(아이디어)을 집약하는 방법을 제시하여 독자들의 이해를 높이는데 치중하였다.

이 책을 통하여 기업이나 개인이 발전하는 기회로 삼기를 필자로서 바란다.

2002년 8월

강충인

개인기나 체력적으로 우수한 유럽 선수는 조직화된 대기업 같
았고 거대한 코끼리와 같았다. 한국 선수들은 체력이나 개인기가
부족한 원숭이와 같았으나 원숭이가 코끼리를 물리쳤다.
거대한 코끼리를 부리는 것은 창의적인 원숭이다. 게임은 힘으
로만 하는 것이 아니라 창조적 생각으로 하는 것이다. 코끼리의 힘
을 이용하여 원숭이는 묘기를 부리며 관중의 박수를 받고 있다.

작고 힘은 약하지만 원숭이는 훈련으로 그림도 그릴 수 있으며, 개인기나 체력에서 떨어지지만 무리가 협동하여 공격하면 거대한 코끼리도 물리칠 수 있다 (압박수비).

지금은 강한 힘을 가진 코끼리보다는 약하지만 생각하는 원숭이가 지배하는 시대이다. 힘보다는 생각하는 축구를 하는 시대이다(멀티플레이어 시대).

차 례

제 1 장
즐겁게 생각하기

　　코끼리와 원숭이의 행동과 생각하는 방법을 관찰하면 히딩크의 전략을 파악할 수 있으며 새로운 전략이나 훈련을 수립하는 방법을 깨닫게 된다.

　　원숭이는 호기심으로 게임을 즐기지만 코끼리는 강한 힘으로 게임을 장악하려고 한다.

　　코끼리와 원숭이를 통해 전략을 수립할 수 있다.

코끼리 귀를 당긴 원숭이

가느다란 오렌지 줄에 매어 있는 거대한 코끼리 등에서
가는 팔과 다리의 원숭이가 묘기를 부리고 있었다.
묘기를 부리며 코끼리의 등을 마치 운동장처럼 생각하고
뛰어다니는 원숭이를 보며 사람들은 박수를 보냈다.

원숭이는 코끼리를 마치 장난감같이 이리저리 몰고다니며 가지고 놀았다.
이를 지켜보던 아이가 웃으며 말했다.
"덩치 큰 코끼리가 원숭이가 시키는 대로 하네.
이상하다 원숭이보다 코끼리가 키도 크고 힘도 센데…."

이번에는 허리가 굽은 노인이 지팡이를 흔들며
이가 두 개밖에 없는 입을 크게 벌리며 웃었다.
"거참, 신기하네. 코끼리가 매어 있는 막대기가
내 지팡이보다도 가느다란데 코끼리가 매여 있다니…."

원숭이의 묘기에 박수를 보내던 청년이 소리쳤다.
"원숭이야, 이번에는 코끼리의 귀를 힘껏 잡아당겨봐."
원숭이는 청년의 말대로 코끼리의 귀를 잡아당기면서 말했다.
"코끼리는 미련하고 순해요."

1. 게임을 이기려 하지 말고 즐겨라

게임은 이기기 위해 한다. 재미로 하는 게임에서는 서로 양보도 하지만 돈이 걸린 게임에서는 양보란 없다. 오히려 두 사람의 눈에서는 불꽃이 튄다.

바둑에서 초읽기에 몰리면 실력이 있어도 제대로 판단하는 능력을 상실하게 된다. 모든 게임도 마찬가지이다. 초읽기에 몰리면 게임에 진다고 한다.

긴장하고 볼을 차면 제대로 볼을 차지 못한다. 정확한 패스도 되지 못하고 볼을 컨트롤하면서도 자주 실수가 나온다. 서로간의 신호가 맞지 않아 상대방에게 볼을 빼앗기게 된다.

　긴장이나 초조 등의 불안감을 해소시키는 비결이 게임을 즐기는 것이다. 소리치며 즐기고, 뛰면서 즐긴다. 즐기는 운동에서는 자연적으로 엔돌핀이 잘 흘러 호흡도 잘 맞고 골 차는 발에도 힘이 생긴다.

　앞서 지적하듯이 돈이 걸리지 않는 게임은 부담감이 없다. 경기는 반드시 이겨야 한다는 부담감에서 실패한다. 도박장에서 돈을 잃은 사람이 계속하여 돈을 잃는 것과 같다. 프로는 심리전에서 강하다. 왜냐하면 게임을 즐기기 때문이다.

# 골대를 맞고 나오면 진다

긴장하고 볼을 차면 제대로 골인이 되지 못한다. 아슬아슬하게 골대를 맞고 튀겨져 나온다. 보는 관중의 마음을 더욱 긴장시키는 것이 볼이 골대를 맞고 퉁겨 나오는 순간이다.

원숭이의 호기심은 장난이다. 다시 말해서 원숭이는 즐기려는 호기심으로 가득 찬 동물이다. 무엇이든지 처음 보는 것을 만지고 입으로 물어 보고 던진다. 마치 어린아이들의 행동 같다. 아이들은 하루종일 같은 장난감을 가지고 반복되는 동작을 하지만 즐겁게 논다. 같은 장난감도 지겨워하지 않는다. 아이들은 긴장감을 모른다. 오히려 긴장하는 아이들이 사고를 친다. 아이들의 자연스러운 행동이 즐거움을 준다.

선수들이 긴장하거나 첫 골에 몰리어 쫓기는 경기를 하면 이미 그 경기는 진 경기이다. 긴장하면 몸이 수축되고 힘이 약해지며 평소와 같은 거리도 더욱 멀게 느껴 급격히 체력이 떨어진다.

긴장과 초조는 정신적으로나 육체적으로나 모든 것을 수축시킨다. 업무에 시달리거나 과중한 업무에 지친 직장인은 즐거움도 없으며 주어진 시간이 지나가기만을 기다리는 코끼리와 같은 존재가 된다. 일의 즐거움을 느끼는 사원이 창의적인 아이디어를 제안하게 된다.

신바람 나는 선수는 펄펄 난다

신바람은 선수를 강하게 만드는 자극제이다.

신들린 무당은 날카로운 칼날을 두려워하지 않으며 그 위에서 자유롭게 춤을 추는 여유를 보여준다. 신들린 무당의 발바닥을 철판처럼 만든 힘은 정신통일에 의한 창의력이다.

신바람은 초조감, 긴장감, 무기력감 등을 해소시키고 잠재된 능력을 무한대로 분출시킨다. 한국 선수들이 평소와 다르게 상대의 문전을 공격하게 된 것도 신바람 나는 축구를 했기 때문이다. 마치 신들린 무당이 칼날 위에서 춤을 추듯 했다.

무기력한 코끼리는 자신의 힘이 얼마나 되는지도 모르며 자신의 능력을 알려 하지도 않는다. 불만과 불평 속에서 '이것이 나의 한계야!' 라고 생각하는 사람은 희망도 없다. 신바람 난 선수는 불평하지 않으며 무엇이든 즐겁게 도전한다. 비결은 긍정적인 생각이다. 불만을 긍정적으로 나타내는 습관이 필요하다.

신바람 나는 선수는 경기장 전체를 보고 뛴다. 상대 선수가 움직일 때 미리 예측을 하고 사전에 공을 차단시키는 선수는 신바람 난 선수이다. 한국 선수들이 개인기가 능한 유럽 선수를 사전에 차단할 수 있었던 것은 공의 방향을 미리 예측하고 정확한 위치에서 먼저 공을 빼앗았기 때문이다. 신바람이 무한한 능력을 자극시킨 결과였다.

# 왜 원숭이는 인기 동물인가?

동물원에서 가장 인기를 끄는 동물은 원숭이다.

원숭이가 관람객들과 함께 어울리는 이유는 생김새가 비슷한 점도 있지만 원숭이의 행동이 아이들의 호기심을 자극하기 때문이다.

원숭이는 동물 중 작은 몸집에 속하지만 생각하는 지능은 가장 높다. 아이들이 행동하는 것을 보고 따라하기도 하여 일부 동물원에서는 원숭이를 풀어놓고 관람객과 함께 즐기도록 하고 있다. 원숭이와 관람객이 함께 어울리게 하기 위함이다.

아시아 국가 중에는 길거리에 원숭이를 방목하는 나라들이 있다. 배고픈 원숭이들이 집단으로 민가를 급습하는 경우도 있다. 원숭이들은 인간을 가장 두려워하면서도 인간과 함께 살기를 원하고 있다.

동물원에서 코끼리가 인기를 끄는 것은 긴 코 때문이다. 아이들은 코로 물을 마시고 코로 물을 뿜는 것을 신기하게 생각한다. 그러나 아이들은 코끼리 근처 가까이 가지 못한다.

코끼리의 발에 밟혀 사망하는 경우도 있었기 때문에 코끼리와 거리감을 가지게 되는 것이다. 코끼리의 몸집만으로도 아이들은 두려워하며 코끼리를 만지고 싶어도 중압감 때문에 엄두를 내지 못하며 바라만 보고 있다.

국가나 대기업이 국민이나 소비자에게 강압적인 위압감을 준다
면 국가나 대기업은 국민과 소비자로부터 외면을 당한다.

기성세대가 젊은 세대를 가장 우려했던 점은 개인주의나 단결
력 부족이지만, 이번 2002 월드컵 기간 중의 자연발생적 거리응
원은 세계 어느 국가에서도 상상하지 못한 단결력과 조직력의 거
대한 힘이었다.
기성세대가 우려했던 모든 것들이 허구였음이 증명되었다. 오
히려 과거로부터 자유롭지 못하면서 자신만의 권위와 명예로 개
인주의였던 기성세대를 젊은 세대는 비판 없이 행동으로 지적했
다. 마치 조직에서 상사와 신입사원의 관계와 같다.

소비자를 외면하거나 기만하는 기업이 앞으로 어떻게 살아야
할지를 히딩크식 훈련방법과 2002 월드컵 기간중의 거리응원을
보면서 이해하고, 코끼리와 원숭이 중에 동물원에서 인기가 높은
동물이 어떤 동물인지를 알아야 한다.

코끼리의 인기는 다만 거대한 몸집과 긴 코에 있을 뿐이지만
원숭이의 인기는 관객과 함께 즐기는 행동과 그들의 호기심에 의
한 도전적 행동과 도전하기 위한 훈련을 스스로 하는데 있다는
점이다.

# 원숭이의 인기는 즐거움 때문이다

히딩크 감독이 선수들에게 승리하는 방법으로 지적한 것은 체력 단련과 정신력만이 아니다.

히딩크는 선수들에게 이렇게 승리의 해법을 제시했다. "게임을 이기려고 하지 말고 즐기려고 하라."

동물원의 수많은 동물 중에서 원숭이가 가장 많은 인기를 끄는 이유는 관람객에게 즐거움을 주기 때문이다.

돌고래나 곰 등이 훈련을 통한 재주를 부릴 때마다 청중의 박수가 나온다. 이제는 동물원에 동물의 모습을 보러 가는 시대가 아니라 동물의 재주를 보러 가는 시대이다.

월드컵에서 가장 인기가 많은 선수는 골을 넣는 선수이다. 하지만 관중들은 골을 잘 막는 선수, 골을 넣고 연출하는 동작과 선수의 머리스타일 등 선수의 행동을 보며 박수를 보낸다. 골을 잘 넣지만 매너가 나쁜 선수에게 박수를 보내는 관중은 없다.

원숭이의 인기는 끝없는 호기심에 의한 행동 때문이다. 무엇이든 새로운 것을 보면 똑같이 만져보고 던져보는 도전적인 행동이 피곤함을 모르는 즐거움을 만들고 있다.

창의적인 사람은 엉뚱한 생각과 새로운 것을 보고 원숭이처럼 만지고 분해하고 조립하는 재미를 가진 자이다.

원숭이를 던진 코끼리

호기심 많고 장난기 많은 원숭이가 코끼리 머리 위로
나무줄기를 타고 날아다니며 코끼리를 놀려댔다.

"미련하고 곰 같은 코끼리야, 힘세다고 자랑하지마.
너는 나처럼 하늘을 날아다닐 수 있어?"

코끼리는 원숭이가 이 나무 저 나무로 날아다니는 것이 부러웠다.
그러나 눈앞에서 까불며 놀려대는 원숭이를 보면서
은근히 화가 치밀기 시작했다.
호기심 많은 원숭이는 나뭇가지를 잘라서 코끼리의 코를 때리며
나무줄기를 타고 약을 올렸다.
드디어 참다못해 화가 잔뜩 난 코끼리는 하늘을 향해 코를 쳐들었다.

"너, 까불면 나무에 처박아 버릴 테다."
원숭이는 코끼리의 말을 무시하고 점점 더 코끼리 가까이에서 약을 올렸다.
코끼리는 원숭이가 가까이 날아 왔을 때 코로 원숭이를 잡았다.

"너 이래도 까불 테냐?"
코끼리는 원숭이를 코로 감아서 멀리 던져버렸다.
공중 높이 솟아올랐던 원숭이는 높은 나무에 부딪치며 정신을 잃어버렸다.

2. 도전하는 자가 승리를 즐길 수 있다

코끼리에 의해 멀리 던져진 원숭이가 다시는 코끼리에게 접근할 수 없다고 생각을 했다면 원숭이는 영원히 코끼리의 종이 되었을 테지만 던져진 원숭이는 어떻게 복수를 할 것인가를 곰곰이 생각했다.

생쥐는 항상 원숭이를 피해 도망다녔다. 원숭이는 생쥐를 잡아서 장난을 치다가 죽이거나 잡아먹기 때문이었다. 마치 독사와 마주치면 순간적으로 돌처럼 굳어버리듯이 생쥐는 원숭이 앞에서는 도망갈 생각을 버렸다. 원숭이에게 발견되면 꼼짝없이 잡힌다는 생각을 하기 때문이다.

　원숭이는 살려달라고 애원하는 생쥐를 보며 코끼리를 공격할 방법을 생각해 냈다. 만일 원숭이가 모든 것을 포기하고 코끼리에게 순종할 생각만을 했다면 코끼리 등에서 원숭이 마음대로 코끼리를 부릴 수 없었을 것이다.

　원숭이의 복수심은 항상 호기심에 차 있는 원숭이의 습성 때문에 생겼다. 새로운 것을 보면 무조건 잡고 던지고 깨물어보는 습성 때문이다. 원숭이는 할 수 없다는 생각보다는 무엇이든 할 수 있다는 생각을 한다. 혼자 안 되면 무리가 공격한다.

# 호기심은 잠재된 능력이다

코끼리의 호기심은 자유롭게 원하는 먹이를 먹기 위해 사슬에서 벗어나려는 것이지만 원숭이의 호기심은 보고 들은 것을 행동으로 실천하려는 것이다.

이러한 호기심에 가득 찬 원숭이들의 행동이 사람들의 인기를 끄는 이유이다. 그런데 일부 사람들은 그러한 원숭이들이 가까이 오는 것을 두려워하는 경우도 있다. 원숭이들이 때로는 관광객의 안경을 빼앗아 가는 경우도 있고, 때로는 호기심에 나뭇가지나 먹고 남은 것을 관광객에게 던지거나 갑자기 달려드는 경우도 있다.

원숭이의 이러한 행위는 호기심 때문이다.

히딩크 감독의 눈에 비친 한국 선수들은 호기심에 가득 찬 선수들이었다. 유럽 선수들은 경기를 하면서도 자신의 몸값을 위한 경기를 하지만 한국 선수들은 월드컵에 참가하는 것만도 영광으로 생각하고 월드컵에서 자신의 역할을 생각하는 호기심에 찬 선수로 보였던 것이다.

가능성을 보여준 한국 선수들의 호기심은 마치 관광객들에게 달려드는 원숭이와도 같다. 지금까지의 감독들은 호기심이 두려움으로 보였을지도 모른다.

 # 선수들의 무한성을 발견하다

히딩크 감독은 월드컵이라는 호기심에 가득 찬 한국 선수들의 무한한 가능성을 발견했다.

지는 해(석양)를 보며 '이제 또 하루가 지나가는구나!' 하며 한숨을 짓는 사람도 있지만 지는 해를 보며 '내일이면 희망찬 해가 다시 뜨겠구나!' 하며 미래를 설계하는 사람도 있다.

떠오르는 태양을 보며 희망찬 하루의 시작을 바라보는 사람이 있는가 하면 반대로 고통스럽게 사는 사람은 또 다른 고통의 시작이라고 생각한다.

해가 지는 5분을 보며 이제 5분이면 해가 진다고 생각하는 사람과 해가 지려면 아직도 5분이나 남아 있다고 생각하는 사람과의 차이이다.

히딩크가 바라보는 석양은 아침에 떠오를 해를 위해 준비하는 시간이었다. 모두가 잠든 밤은 그에게는 내일의 태양을 위해 준비하는 시간이었다.

졸린 눈을 비비며 비웃음과 비평, 어둠과 새벽 안개길을 함께 뛰며 체력을 단련시켰고 함께 뛰는 방법을 익혔다.

호기심은 도전정신이다

　인도네시아의 발리 섬을 찾은 외국인 관광객들이 원숭이에게 난데없는 안경 날치기를 당하고 있다. 장소는 발리 섬 최남단 부킷 반도에 위치한 울르와트 절벽 사원. 이곳에는 약 200여 마리의 원숭이가 살고 있다.

　사납고 짓궂기로 악명이 자자한 원숭이들이 외국인 관광객을 상대로 노리는 것은 안경이다. 원주민에게서 잘 볼 수 없는 물건이 원숭이의 호기심을 자극했다. 한 사원 관리인은 "안경만 보면 얼굴 근처로 접근해 순식간에 가로챈다."며 "안경을 뺏으면 휘어도 보고 먹어도 보고 별짓을 다한다."고 전했다. "결국 원숭이들은 안경을 75m 절벽 아래로 던져버리기 때문에 영원히 찾을 수 없다."며 관광객의 주의를 당부했다.

　원숭이가 안경을 빼앗는 것은 단순히 호기심 때문이다.

　훈련된 원숭이는 안경을 쓰고 멋진 포즈도 취하지만 발리 섬의 원숭이는 휘어보고 입으로 씹어보고 던져보는 것으로 호기심을 끝낸다.

　이렇듯이 호기심은 무한한 잠재능력이다. 어떻게 훈련시키는가에 의하여 호기심은 무한능력(창의력)으로 나타난다.

원숭이의 호기심을 막는 방법 3가지

접근 자체를 막아야 하는 것이 최대 과제이지만 현지인이 알려주는 주의사항은 다음과 같다.

첫째, '앉아 있거나 높은 건물에 기대면 안 된다.' 원숭이가 안경에 쉽게 손을 뻗칠 수 있기 때문이다

둘째, '손을 펴고 다녀야 한다.' 손에 먹이를 가진 듯 꼭 쥐고 다니면 원숭이가 모이기 때문이다.

셋째, '몽둥이를 구해 들고 다녀야 한다.' 원숭이가 몽둥이를 보면 겁을 먹기 때문이다.

이것은 리더가 해야 할 행동이다.

클럽 발리 미라지 리조트의 안내원은 이렇게 안내한다.

"이곳 원숭이를 화나게 하면 반드시 보복을 당하기 마련"이라며 "원숭이에게 잘 보이지 않으면 안경 도난뿐만 아니라 집단 공격까지 당할 수 있다."고 경고했다.

원숭이에게 잘 보이는 방법은 원숭이에게 사랑으로 접근하는 것이다. 히딩크가 선수들과 인간관계를 먼저 형성한 경우처럼 이미 선수들은 히딩크를 감독으로 인정했기 때문에 인간적인 행동에서 더욱 감동을 하게 되었고 히딩크는 그때마다 감독으로서의 자세를 흐트러지지 않게 행동하며 조직의 권위를 만들어 갔다.

 ## 결정은 내 손으로 한다

손을 펼 것인가?

주먹을 쥘 것인가?

손등과 손바닥을 보이는 것은 순간적인 자신의 판단이다.

손등을 낮, 손바닥을 밤이라고 한다면 항상 상대와 악수를 하는 사람은 낮에 사는 사람이고, 주먹을 쥐고 자신의 생각만을 주장하는 사람은 밤에 사는 사람이다.

악수는 새로운 만남의 시작이면서 새로운 만남의 약속이다.

주먹을 쥐고 악수하는 사람은 없다. 손을 펴고 악수하는 사람은 자신이 쥐고 있는 것을 상대에게 보여주고 내주는 사람이지만 주먹을 쥐고 펴지 못하는 사람은 조그마한 내 것을 주지 않으려다가 더 크고 새로운 것을 영원히 만져보지 못하는 사람이다.

상대와의 만남이 손을 펴고 만나는 것처럼 새로운 정보는 끝없이 상대와의 만남을 통하여 얻는다.

만남은 악수로부터 시작된다. 긍정적인 만남은 서로에게 이익을 주지만 부정적인 만남은 상대에게 피해를 준다. 정보란 들어서 유용한 정보가 있고, 들어서 불안감·긴장감을 주는 정보가 있다.

어느 재판장에서 발생했던 사건이다.

재판관이 증인에게 물었다.

"저 사람이 틀림없습니까?"

증인은 다시 한 번 범인을 바라보았다. 그러나 증인은 확신이 서질 않았다. 잠결에 본 범인은 키가 170㎝ 정도이었고 안경을 쓰고 있었으며 긴 얼굴이었다는 것뿐이었지만 경찰서에서 경관의 질문에 답을 하다가 범인이라고 증언을 해버렸기 때문이다.

증인의 마음에서는 갈등이 일어났다.

저 사람이라는 말 한마디에 범인은 살인죄로 사형을 당할 입장이었다. 그러나 증언을 번복 한다면 형사들에게 당할 일이 걱정이었다.

증인은 하는 수없이 대답했다.

"네, 저 사람 같아요."

검사가 물었다.

"당시 현장에서 본 사람이 저 사람이죠."

검사의 날카로운 질문에 증인은 크게 답했다.

"네."

증인의 말 한마디에 확증이 없는 범인이 사형으로 사라졌다.

증인은 평생 동안 자신의 한마디 대답에 고민하며 살았다. "네."라는 말 한마디로 영원히 죄인이 되었다.

증인의 한마디는 순간적인 실수일지는 모르지만 한 사람의 운명을 결정짓는 말이었다.

　학연이나 지연 등으로 구성된 한국의 조직망에서 히딩크의 결정은 일부 선수들에게는 결정적인 갈림길이 되었다. 리더의 판단은 이처럼 중요한 결단성이 필요하다.
　확신도 없으면서 형사의 권유나 집중적인 질문을 피하기 위하여 던진 말 한마디는 오늘날 한국사회의 구조적인 모순의 단면이고 조직의 단면이다. 자신의 이익을 위해서는 어떠한 말도 편리하게 말하는 자세를 버려야 한다.

　학연과 지연으로 구성된 선수조직을 실력 위주로 바꾸면서 평가 전에서 참패로 결과가 나타났을 때 학연과 지연·혈연으로 뭉쳤던 세력들은 비판세력이 되어 그를 추천한 정몽준 회장을 비난하였고 히딩크의 전격적인 경질설로 확산되기도 했다.

베푸는 자가 얻는다

하나를 손에 쥐고 또 다른 하나를 손에 잡을 수 없다.
대개 사람들은 자신의 손에 쥔 것은 놓지 않고 다른 것을 쥐려고 한다.

99개를 가진 자가 하나를 가진 자의 것을 빼앗으려는 마음은 가진 자의 공통된 생각이다.
무조건 감독으로 지배하려는 것보다는 베풂을 바탕으로 한 통솔이다.

지배하는 자는 지배를 받지 않으려고 한다. 진정한 리더는 지배자가 아니라 동반자다. 히딩크 감독은 선수들과 함께 비난을 받으며 공존을 위해 협력했다.
골을 넣은 선수가 히딩크 감독에게 달려들며 안기는 모습은 아들이 아버지의 품에 안기는 모습이었다. 히딩크가 선수에게 베푼 사랑은 혹독한 훈련과 함께 월드컵 첫 승을 위한 공동의식이었다.

무조건 베푸는 것은 베풂이 아니다. 히딩크식의 베풂이 필요하다. 강한 체력훈련은 선수들에게 견디기 어려운 고통이었지만 공동체의식을 전제로 훈련하는 선수들에게는 반드시 넘어야 하는 고개와 같았다.

히딩크가 선수에게 베푼 대가는 4강이라는 결실이었다.

만약 처음부터 4강을 목표로 강훈을 하였다면 결과가 어떻게 되었을까? 부담감에서 오는 정신적 고통으로 첫 승도 얻지 못했을지도 모른다. 32강에 오른 국가치고 기본 실력이 없는 국가는 하나도 없었다.

우승 후보 국가들이 16강전에서 탈락하는 결과는 자만에서 나타난 결과이다. 자신의 개인기에 만족했거나 한국이나 세네갈과 같은 국가를 지나치게 과소평가했다는 것이다.

이러한 자세가 가진 자의 거만이고 가진 자의 욕망이다. 99개를 가진 자가 하나를 가진 자의 것을 빼앗으려는 욕망에 눈이 어두워 상대를 정확하게 평가하지 못했다.

히딩크의 베풂은 철저한 훈련을 통한 체력훈련과 실력 있는 선수에게 열려진 문호개방으로, 가진 자들의 고질적인 자만과 학연·지연을 타파시키기 위한 것이었다.

누구나 실력만 있으면 들어오라는 베풂의 정신이었다. 배고픈 양반이 이 쑤시는 거짓과 허영, 체통과 명분의 생각을 버리고 오로지 실력만을 인정하는 사고방식이 창조적인 생각이다.

# 도전자에게 미래가 있다

한국 선수들이 코끼리 군단(유럽팀)과 대결하면서 체력적인 열세와 기술적인 열세에도 불구하고 그들과 동등한 능력으로 제압할 수 있었던 것은 자신과의 싸움에서 만들어진 자신감때문이었다. 혼자서 감당할 수 없을 때는 2명, 3명의 팀원이 합세하여 부족한 자신감을 높였다.

기업(조직)은 다수의 집단이다. 독립된 개인의 능력개발도 중요하지만 이번 월드컵에서 보여준 한국 선수단과 같이 조직력에서 만들진 자신감을 얼마나 확보하는가에 의하여 기업의 경쟁력이 창출된다.

자신감은 체력적 자신감과 정신적 자신감으로 나누어진다. 아무리 정신력이 강해도 체력이 뒷받침되지 않는다면 자신감도 떨어질 수밖에 없다. 또한 체력이 강해도 정신적으로 나약하면 강력한 힘을 가지고도 무기력한 자세를 취하게 된다. 이것을 만드는 것이 생각하는 틀을 만드는 훈련이다.

생각만 하고 실천하지 않으면 미래도 없다. 미래는 도전하는 자에게 주어지는 결과이다. 실천하기 전에 조건이나 이유를 강조했던 과거의 선수들이 아니라 첫 승이라는 작은 희망을 위해 전력을 다했던 월드컵 선수들이 4강의 신화를 만들었다.

3. 코끼리와 원숭이는 무엇이 다를까?

가느다란 막대기에 묶인 오렌지 줄에서 벗어나지 못하는 거대한 코끼리의 등에서 묘기를 부리는 원숭이.

코끼리와 원숭이를 크기로 비교한다면….
코끼리와 원숭이가 하루에 먹는 양을 비교한다면….
코끼리와 원숭이의 생각을 비교한다면….

 ## 코끼리 몸집과 원숭이 몸집을 비교한다면…

뇌무게를 비교하면 고래가 8000g, 코끼리가 5000g, 공룡은 70g, 인간은 1300g, 원숭이가 90g, 침팬지가 350g이다.

코끼리의 크기와 무게

아프리카 코끼리 : 몸길이 6~7.5m, 몸높이 3.3m, 몸무게 6t

아시아 코끼리 : 몸길이 5.5~6.4m, 몸높이 2.5~3m, 몸무게 약 5t

원숭이의 크기와 무게

크기(키) 60~137cm, 체중 5~90kg, 팔길이 약 2m

원숭이와 코끼리의 몸 크기와 무게를 비교한다는 것은 골리앗과 다윗을 비교하는 것과 같다. 하지만 보이는 힘과 능력으로 비교하기보다는 보이지 않는 생각(창의력)으로 비교해야 한다.

전략은 보이는 것보다 보이지 않는 것이다.

보이는 능력은 몸의 크기와 무게이지만 보이지 않는 능력은 생각이다. 무한성을 창출하는 생각을 만드는 창조력은 실천하지 않거나 상상만 하는 공상으로 창출되지 않는다. 위험을 무릅쓰고 공격하는 자세만이 창의력을 발휘하는 생각이다.

# 가능성만을 생각한 히딩크

거대한 코끼리가 가느다란 오렌지 줄에 묶여 있는 모습을 보면서 대기업이나 선진국가들의 고정관념을 보게 된다. 자만과 만족이라는 생각에 사로잡혀 변화를 하지 못하고 있다.

일류기업, 일류상품이라는 자만에 빠져 새로운 정보를 바로 보지 못하면 미래가 없다. 인터넷시대에서 어제의 정보는 이미 새로운 정보라고 할 수 없다.

또한, 늑대와 소년의 이야기처럼 거짓정보에 한두 번 속게 되면 정확한 정보를 얻고도 정보로 이용하지 못하게 된다. 이것이 정보전쟁이다.

히딩크의 전략은 정보전쟁의 승리이다. 각국 선수들에 대한 정확한 정보를 수집하고 분석하여 32강, 16강, 8강, 4강에 대비하였기 때문에 48년의 숙원인 첫 승과 동시에 세계 4강이라는 기적적인 승리를 얻었다.

유럽 선수들만 보면 자포자기했던 한국 선수들에게 자신감을 심어주기 위해 유럽 강호들과 평가전을 가졌던 히딩크의 전략은 결과에서 나타난 오대영이라는 비난을 감수해야 했다. 한동안 히딩크는 오대영 감독이라는 비난을 들으면서도 한 번도 자포자기하지 않고 가능성만을 생각했다.

코끼리 생각을 뒤집은 히딩크

강한 힘을 가지고도 가느다란 줄에 묶인 코끼리와 같이 충분한 실력을 가지고도 유럽 선수들에게 약한 한국 선수들에게 자신감을 주기 위해 유럽의 강호들에게 도전장을 던진 히딩크의 전략은 선수들에 대한 정확한 분석과 자신감에서 나온 결정이었다.

코끼리는 언제든지 울타리에서 자신이 원하는 대지로 나갈 수 있지만 어릴 때부터 길들여진 코끼리는 어른이 된 이후에도 영원히 자신이 원하는 대지로 나가지를 못하는 것이다.

주인이 주는 먹이에 길들여진 코끼리는 야생의 신선한 풀을 못 먹는다. 48년의 긴 세월 동안 잠재된 유럽 선수들에 대한 공포감을 떨쳐버린 것보다 중요한 것은 길들여진 코끼리가 야생에서 살아갈 수 있도록 만들어야 한다는 히딩크의 생각이었다.

사람의 손에서 자란 동물들이 대부분 야생에서 살아남지 못하는 경우가 많다. 스스로 먹이를 찾아내지 못하거나 다른 동물들의 공격이나 계절의 변화에 적응하지 못하여 죽는 경우이다.
그러나 원숭이와 같이 호기심으로 도전한다면 길들여진 코끼리도 야생에서 살아 갈 수 있다는 것이 히딩크 생각이었다.
히딩크는 훈련을 통하여 선수들의 습성을 바꾸었고 선수들에게 자신감을 심어주었다.

 # 코끼리와 원숭이의 먹이를 비교한다면…

코끼리의 먹이

꽃이나 열매까지도 먹지만 주로 풀을 먹고 산다. 풀이 마르면 나뭇가지나 껍질 등을 먹으며, 비가 온 뒤에는 식물의 뿌리를 캐 먹기도 한다. 먹이량은 어른 코끼리의 경우 하루에 약 150kg이 필요하다.

원숭이의 먹이

초식에 가까운 잡식성으로 작은 동물이나 곤충도 먹는다. 나무 열매, 과일, 나뭇잎, 씨앗류, 곤충, 개미, 쥐, 노루 등을 먹을 수 있는 정도만 먹고 나머지는 숨겨 놓는다.

먹이를 주지 말라

싱가포르 피어스 레저바공원은 "원숭이에게 먹이를 주는 자는 벌금 1만싱가포르달러"(약 700만 원)라고 공고한다.

옐로스톤 국립공원에 가면 공원정문에서 안내원이 '곰에게 먹이를 주지 마시오'란 글이 써 있는 전단을 나누어준다.

"내가 동물에게 주려고 준비해온 과자를 조금만 주면 안 되겠습니까?"라고 물으면 "당신 같은 사람들 때문에 매년 이때쯤이면 죽은 곰들을 공원에서 끌어내야 합니다."라고 말한다. 스스로 먹이를 못 구하면 동물은 죽는 확률이 높아진다.

# 먹이가 코끼리와 원숭이의 생각을 만든다

배부른 코끼리나 원숭이는 움직이지 않는다.

생각은 적당히 배고프고 적당히 배부른 상태에서 나온다. 그러므로 먹고 난 후에는 반드시 운동(훈련)을 해야 한다.

몸집이 거대한 코끼리는 훈련을 통해 가느다란 오렌지색 끈에 매어진 채 말뚝을 빼내려는 생각을 하지 않지만, 굵은 끈에 매어진 원숭이는 한시라도 끈을 당기고 물어뜯으며 도망하기 위해 몸부림친다.

이렇듯이 코끼리와 원숭이의 생각의 차이를 만드는 것은 호기심의 차이이며 호기심은 먹이의 종류와 양의 차이에서 나타난다.

초식을 즐겨먹으면 호기심도 적다. 풀은 어디서나 먹을 수 있는 먹이다. 초식동물은 식사량도 많아서 소화시키는 시간도 길다. 그러나 육식을 먹으면 호기심도 높다. 먹는 양은 적지만 높은 영양을 섭취할 수 있기 때문에 보다 맛있는 육식을 먹기 위해 도전하게 된다.

선수들의 승리는 선수들의 음식에서도 좌우된다. 한국 선수들은 피로회복을 위해 약초를 먹었다. 코끼리와 원숭이의 음식의 다른 점이 생각을 다르게 만든 것이다.

코끼리 생각과 원숭이 생각의 차이점

힘은 있으나 오렌지 끈에 묶여 자포자기한 코끼리.
힘은 약하지만 호기심과 배고픔에 도전하는 원숭이.

길들여진 원숭이는 사람을 대신하여 높은 나무에 올라가 열매를 따거나 잎을 따는 일을 해 왔다. 위험한 일이나 실험적인 일에도 원숭이를 훈련시켜 이용하고 있다. 우주선에서도 원숭이를 실험동물로 사용하였으며 인간의 유전자 실험도 원숭이를 대상으로 하고 있다.

충분한 먹이를 주어도 원숭이는 코끼리처럼 주인 명령에만 복종하지 않는다. 언제든지 주인을 배신하고 자신의 호기심을 실험하려고 기회를 보고 있다. 코끼리의 위장이 원숭이보다 크기 때문에 먹는 식사량이 많아서 생각하는 것도 느리다고 본다. 위장이 작은 원숭이는 먹이를 빨리 소화시켜 새로운 먹이를 빨리 찾으려고 하기 때문에 호기심이 많다고 볼 수 있다.

사람도 배가 부르면 일하기 싫어하는 것은 같다. 적당히 먹고 적당히 움직이는 민족은 선진국 대열에 낄 수 없다. 추운 지역에 선진국가가 많은 이유가 여기에 있다. 아프리카를 미개인 또는 문맹국가라고 하는 이유가 풍부한 먹거리 때문에 도전하지 않으며 깊은 생각을 하지 않기 때문이다. 그들은 호흡조차 길게 하지 않기 때문에 코 길이가 짧다.

먹을 것이 풍부한 지역이 문명이 발달하고 사회가 안정되어야 함에도 아프리카 지역이 후진국가로 뒤떨어진 원인은 노력하지 않아도 먹을 수 있다는 안일한 생각 때문이다.
점심식사 후에 오수를 즐기는 민족도 있다. 배가 부른 후에 오는 식곤증과 오후의 더위 때문에 하던 일도 중지하고 휴식을 취하는 것은 급변하는 시대에서 뒤떨어진 생각이다.

풍부한 먹이 때문에 주인에게 맹종하는 코끼리와 같은 사원은 창조적인 생각을 하지 못한다. 굶주린 야생마는 어떻게 해야 상대의 먹이를 빼앗을 수 있을까를 항상 생각하고 준비한다.

추운 지역의 사람들은 부족한 먹거리와 따뜻하게 잠잘 곳을 찾아서 밤잠도 자지 않고, 쉬어야 할 때도 쉬지 않고 먹거리와 쉴 곳을 찾아 헤매는 하이에나와 같이 끝없이 생각한다. 소수의 힘이 부족하면 다수의 힘을 합쳐서 공격하며 살아왔다. 이것이 축구에서도 나타난다. 공격 선수가 필요하다.
작은 것에 만족하는 자는 더 큰 것을 보지도 듣지도 못한다. 그것이 코끼리와 원숭이 생각의 차이점이다.

코끼리를 만진 장님의 생각

"코끼리를 끌어내어 장님들에게 구경시켜 주어라."

왜 임금은 신하들이 보는 앞에서 장님들에게 코끼리를 만져보라고 했을까?

장님들은 제 각기 제 말이 옳다고 옥신각신 다투기 시작하였다. 자신이 만져 본대로만 생각하고 있기 때문이었다. 상대가 만져본 느낌을 이야기하지 않았던 장님의 생각이 틀린 것은 아니었지만 전체를 보지 않고 하는 생각이 일반적인 생각이다. 신하들은 장님의 주장에 머리를 흔들기도 하고 비웃듯이 웃기도 했다. 이 장면을 보던 임금은 빙그레 웃기만 했다.

항상 자기 주장만 하는 신하들에게 코끼리를 만진 장님을 보고 스스로를 반성하라는 의미였다. 상대의 의견이나 생각, 정보를 무시하는 신하가 어떻게 된다는 것을 말로 설명하기 어려웠던 임금의 생각이었다.

축구에서 선수들에게 많은 대화를 강조한 것은 정보의 교환을 강조한 것이다. 서로의 위치에서 말을 하면서 공격과 수비의 방법을 찾게 만들었던 생각이었다.

# 어리석은 원숭이의 생각

　송나라에 저공이라는 사람이 살고 있었다. 저공은 원숭이를 좋아하여 많은 원숭이들을 길렀다. 저공은 매일 원숭이들의 먹이를 마련하는데 신경을 썼다.

　저공은 가족들이 먹을 양식까지 퍼다가 원숭이에게 먹일 정도로 원숭이를 사랑했다. 그러다 보니 저공은 날이 갈수록 가난해졌다. 그후 저공은 원숭이들에게 넉넉하게 먹이를 줄 수 없을 정도로 형편이 어려워졌다. 그래서 원숭이들에게 주는 먹이를 줄이기로 하고 이렇게 말을 했다.

　"사정이 어려워져서 내일부터는 너희들의 먹이를 아침에 세 개, 저녁에 네 개씩만 주겠다."

　그러자 원숭이들은 화가 나서 끽끽거리며 불만을 터뜨렸다.

　저공은 성난 원숭이들을 달래기 위해 얼른 다시 말했다.

　"좋아! 그럼 아침에 네 개, 저녁에 세 개씩 주도록 하마. 그러면 되겠냐?"

　그러자 원숭이들은 매우 좋아하며 고마워했다.

　'하루에 먹는 양은 똑같은데 저렇게 다르다고 생각하니 역시 원숭이는 원숭이야.' 저공은 빙그레 웃었다.

　아인슈타인이 1 더하기 1은 1이라고 대답한 것은 크기가 변했을 뿐 숫자가 변하지 않는 진흙을 생각한 대답이었다. 창의적인 생각은 수치만을 생각하기보다는 양이나 크기로 생각한다.

# 창의력은 순수해야 나온다

어린 원숭이의 호기심은 보고 만지려는 순수한 마음이다. 겁을 모르는 어린 원숭이가 잠자는 코브라의 꼬리를 잡아당겨 던졌다. 놀란 코브라는 뒤도 볼 사이 없이 앞만 보고 달아났다. 어린 원숭이가 코브라가 무서운 독을 가진 뱀이라는 것을 알고 있었다면 코브라를 피해 갔을 것이다.

역사책에 나온 선인들을 보면 어린 나이에 위업을 이룬 분들이 많다. "창업은 쉽고 수성은 어렵다(創業易守成難)."라는 명언으로 알려진 태평성대, '정관의 치(貞觀之治)'를 이룬 당 태종 이세민은 약관 20세에 수나라 양제의 폭정과 내란을 종식시키며 당의 건국을 이루어내는데 주도적인 역할을 했던 사람들이다.

정통 음악교육을 받지 않았던 서태지의 음악은 서울대에서 새로운 학과개설로까지 이야기 되었다. 월드컵에서 보여준 송종국, 박지성, 차두리 등 20대 초반 선수들의 힘은 원숭이와 같이 겁을 모르는 강력한 힘의 축구였다. 경험과 기술은 시간이 흐르면서 배우고 익히면 된다. 중요한 것은 결과보다도 궁금증과 호기심을 행동으로 실천하는 도전정신이다.

이들에게는 원하는 것을 위해서는 최선을 다한다는 공통점이 있다. 계산하지 않는 순수한 창의력의 힘이다.

과거와 지금 교육(훈련)의 다른 점은 무엇일까?

아마도 과거에는 자연을 보고 듣는 교육을 많이 했고 오늘날에
는 모방적인 교육, 암기나 주입식 교육을 한다는 점일 것이다. 문
제는 창의력을 내는 도전정신이나 모험정신은 암기식이나 주입
식으로 교육하는 데는 한계가 있다는 점이다. 자연을 보는 방법
만이 과거나 현재나 창조적 생각을 만든다.

옛 선현 중 한 명인 의상은 일중일체다중일, 일즉일체다즉일,
일미진중함시방, 일체진중역여시(一中一切多中一, 一卽一切多卽
一, 一微塵中含十方, 一切塵中亦如是)라고 노래하고 있다. 즉 티끌
같이 작은 속에서도 우주를 머금었고 낱낱의 티끌마다 우주가 다
들었다는 것이다.

어린 원숭이의 궁금증, 호기심은 자연을 보는 관찰력이고 관찰
에 의한 실천이다. 우주 속의 모든 것에는 저마다의 원칙이 있다.
어린 원숭이는 원칙이라는 것보다는 그저 호기심과 궁금증에서
흔들리는 코브라의 꼬리를 잡아당긴 것뿐이다.
성인들은 행동하기 전에 이것 저것 판단하고 이리저리 계산하
고, 계산하다 기회를 놓친다. 젊음이란 힘만 있는 것이 아니라 계
산하지 않고 도전하고 도전한 결과에 따라서 신속하게 대응하는
패기가 있다. 이것이 창의력이다.

 # 코끼리의 사고방식에서 벗어나라

영국의 대표적인 경제 평론가 찰스 핸디(Charles Handy)는 『코끼리와 벼룩』을 비교했다. 안정된 대기업의 코끼리와 독립된 개인의 벼룩을 비교하면서 공격과 수비에 대한 중요성을 생각하게 한다.

월드컵 대표 선수들 중에는 대형 선수들의 그늘에서 벗어나지 못하였던 선수들이 히딩크 감독에게 발탁되어 놀라운 실력을 보였다. 코끼리의 비만은 속도전에서 공격과 수비의 전환이 어렵지만 코끼리에 붙어 사는 벼룩은 신속하게 공격과 수비를 할 수 있다. 코끼리는 자신이 할 수 없다면 벼룩에게 부탁해야 한다.

월드컵 대표팀에 선발된 23명 중에는 한 번도 경기에 출전하지 못한 선수도 있다. 똑같이 선발되어 똑같이 훈련을 받았다. 그 중에는 오히려 경력이 많은 선수도 있었으나 벤치에 앉아서 기다리는 고통을 감내했다.

대기업의 결정에는 시간이 필요하다. 담당, 대리, 과장, 부장, 전무, 이사, 사장 등으로 구성된 조직은 막강하게 보이지만 신속 정확한 판단의 기회를 놓치는 경우가 많다.

벼룩은 약하지만 코끼리의 장단점을 알기 때문에 코끼리의 힘을 역이용하는 지혜가 있다. 축구는 힘이 바탕이지만 더 강한 힘은 상대의 힘을 이용하는 생각하는 축구이다.

생각을 바꿔라

코끼리 코에 감겨 높은 나뭇가지로 던져졌던 원숭이, 적이 나타나면 재빠르게 쥐구멍으로 달아나는 생쥐, 그들은 살기 위해서는 눈앞의 먹이도 포기할 줄도 알고 상처난 몸을 이끌고 도망갈 줄도 아는 현실주의자다.

스펜서 존슨의 『누가 내 치즈를 옮겼을까?』에 나오는 생쥐나 사랑받던 주인으로부터 쫓겨난 고양이 등은 항상 먹이를 찾아 돌아다니거나 자신의 먹이를 지키기 위해 영역 싸움을 한다.

창고에 치즈가 없다는 것을 발견한 생쥐나 영역 싸움에서 밀려난 고양이는 새로운 먹이를 찾아 과거를 잊고 새로운 환경으로 찾아간다. 그러나 과거를 회상하며 현실에 적응하지 못하는 원숭이나 생쥐, 고양이는 살아남지 못하고 사라져 간다. PK에서 실축하면 빨리 잊어버려야 한다.

과거의 화려했던 선수생활에 젖어 현실을 인정하지 못하는 경우에 평생을 어둠 속에서 사는 선수가 있다. 결정적인 순간에 결정적인 실수를 저지르고 평생을 죄인처럼 살아가는 선수도 있다. 과거의 명성과 명예보다 현실을 인정하고 함께 공존하는 원숭이와 생쥐, 고양이의 생각이 창조적인 생각이다.

제 ② 장
생각뒤집기

히딩크는 힘의 축구보다 생각하는 축구를 하라고 했다.

원숭이의 생각은 코끼리의 힘보다 낫다. 아무리 강한 코끼리도 원숭이의 꾀에 넘어가 쓰러진다. 거대한 코끼리는 생쥐를 잡지 못하지만 꾀 많은 원숭이는 생쥐를 잡아 코끼리 코에 넣을 수 있는 생각을 했다. 이것이 창조적인 뒤집기 생각이다.

원숭이와 생쥐, 코끼리

거대한 코끼리가 자신의 힘을 과시하며
자신의 앞에서 장난을 치던 원숭이를 코로 집어 던졌다.
간신히 목숨을 건진 원숭이는 코끼리를 쓰러뜨릴 방법을 생각했다.

코끼리는 떨어진 원숭이에게로 다가가
원숭이의 몸 위에 발을 올리면서 이렇게 말했다.
"꾀 많고 장난꾸러기 원숭아, 다시 한 번 까불면 이 발로 밟아 버릴 테다.
이 코끼리는 몸집도 크지만 아량도 넓다는 것을 잊지 말아라."
코끼리는 마치 원숭이의 은인이라도 된 듯이
거대한 몸을 흔들면서 원숭이를 조롱했다.

원숭이가 아무리 생각해도 자신의 힘으로
거대한 코끼리를 쓰러뜨린다는 것은 불가능한 일이었다.
원숭이는 이 나무 저 나무를 타고 다니다가
총알처럼 도망가는 생쥐를 발견했다.

순간 원숭이의 머리를 번개처럼 스치고 지나가는 생각이 떠올랐다.

원숭이는 재빠르게 도망가는 생쥐를 잡았다.

생쥐는 원숭이에게 사정했다.

"살려만 주면 무엇이든 시키는 대로 할게요."

원숭이는 생쥐에게 코끼리의 코로 들어가

뱃속에서 이리저리로 돌아다니라고 주문했다.

생쥐는 잠자고 있는 코끼리의 콧구멍으로 들어갔다.

배부르게 먹고 깊은 잠에 빠져 있던 코끼리가 긴 코를 흔들고

거대한 몸을 비틀며 쓰러졌다.

거대한 코끼리의 발가락 정도밖에 안 되는

생쥐에게 코끼리는 죽을 뻔했다.

생쥐가 다시 코로 빠져 나오자

코끼리는 큰 나무에 지친 몸을 기대었다.

그때 나무 위에 매달린 원숭이를 바라보았다.

"어때? 그래도 나를 짓밟을 생각이 있냐?"

그후 코끼리와 원숭이는 형제처럼 가까워졌다.

원숭이는 코끼리의 등에 올라 높은 나무의 열매를 따서

코끼리와 나누어 먹으며 사이좋게 지내게 되었다.

코끼리는 원숭이한테서 싱싱한 과일을 받아먹었다.

평소에는 그림의 떡이던 과일이었다.

코끼리의 엄청난 힘과 원숭이의 꾀가 합쳐지는 것은

오늘날의 초일류기업의 현상이다.

세계적인 GM사가 조그마한 자동차회사와

기술 제휴를 하는 시대이다.

코끼리 발의 한 뼘도 안 되는 생쥐가 코끼리에게

치명적인 타격을 입힐 수도 있다.

대기업이나 독점기업이 존재하던 시대가 변했다.

대기업이 살아남기 위해서는 생쥐와도 협력해야 한다.

아니면 기업 내 분업화가 필요하다.

1. 생각하는 축구하기

히딩크 감독이 선수들에게 주문한 게임 운영 방법이다. 앞의 사례와 같이 거대한 코끼리의 힘도 원숭이의 꾀에 한 마리의 생쥐에게 항복했다. 거대하고 웅장한 댐이 붕괴되는 것은 폭탄보다 실구멍과 같이 작은 구멍 때문이다. 눈으로 보이지 않는 작은 구멍이 댐을 붕괴시킨다.

코끼리 발톱 크기밖에 안 되는 생쥐가 코끼리 뱃속을 휘집고 돌아다니자 거대한 몸집이 쓰러졌다. 원숭이는 혼자서는 해결하지 못하는 문제를 생쥐 한 마리를 택하여 공격했다.

이것이 생각의 힘이다.

자신의 힘만 과시했던 코끼리는 복잡하게 생각하는 것을 싫어했고 자신에게는 적이 없다고 자만했다. 생각하지 못하는 기계는 로봇이다. 로봇은 입력한 명령에만 충실한다. 문제는 입력된 명령이 지워지면 행동도 정지된다는 것이다.

생각하는 인공지능 로봇개발이 한창이다. 로봇도 스스로 생각하게 만드는 시대이다. 축구 선수가 스스로 생각하지 못한다는 것은 마치 로봇에 입력된 명령이 지워지는 것과 같다.

원숭이는 생쥐에게 코끼리 뱃속에서 평소에 생쥐가 구멍을 파고 다니듯이 돌아다니라고 명령했다.

 # 소질과 능력에 따라 한다

원숭이의 명령대로 생쥐는 평소 구멍을 파고 다니듯이 코끼리 뱃속을 돌아 다녔지만 코끼리에게는 치명적인 고통이었다. 만약, 생쥐가 코끼리 뱃속에서 돌아다니지 않았다면 코끼리는 쓰러지지 않았을 것이다.

원숭이는 생쥐에게 무리한 요구를 하지 않았다. 생쥐는 구멍을 파고 다니는 것을 좋아했고 원숭이는 그러한 생쥐의 특성을 이용했다.

월드컵 4강의 신화는 저절로 되었거나 무조건 희망해서 된 것이 아니다. 히딩크는 선수를 선발하면서 가능성을 파악했다. 원숭이가 생쥐의 가능성을 파악한 것과 같다.

무리한 요구를 하지 않았다. 할 수 없는 것을 하라고 하는 것은 하지 말라는 것보다 못 하다. 기업에서 사원들에게 무리한 것을 요구할 때가 많다.

잘못된 기업의 요구로 정보의 교육보다는 게임의 교육을 원하는 사원들로 인하여 기업 재산이 낭비되고 있다. 사원들은 암기하고 실습하는 것보다 즐기고 끝나는 부담없는 교육을 바라고 있으며 그로 인하여 사원들은 자신의 소질과 능력을 개발할 기회를 잃어버리고 있다. 교육은 잠재된 소질과 능력을 개발하도록 사원에게 원숭이처럼 생각할 수 있게 만들어 주어야 한다.

# 각자의 위치를 정해 준다

축구는 공격과 수비로 나누어진다.

철벽수비의 유럽 강호 특히, 독일은 수비에서 강했고 공격축구로 이름난 브라질과는 결승전에서 대조적인 경기를 펼쳤다. 독일의 골키퍼는 결승에 올라올 때까지 단 한 골만을 실책했다. 공격이 약해도 골문에 골이 들어가지 않으면 강팀이 된다.

각 팀의 공격수들은 빗장 수비수를 쓰러뜨리기 위해 전력을 다했다. 수비수들은 좌우, 중앙에서 빈 공간을 노리고 공격하는 그들을 막기 위해 전력을 다했다.

매번 결정적인 골을 넣는 경우가 수비수가 공격수로 갑자기 역할을 바꿔 공격하여 골을 넣을 때이다. 한국이 독일전에서 패한 이유이다. 전혀 예상하지 못했던 공격수가 수비수의 허를 찌른 것이다.

히딩크 감독이 선택한 공격과 수비가 바로 멀티플레이어이다. 수비와 공격을 소화할 수 있는 선수로 만드는 훈련이었다.

이 작전은 강인한 체력을 요구한다. 이러한 체력을 보충할 수 있는 것이 정신력이고 생각하는 축구를 하는 것이다. 미련하게 뛰는 코끼리보다는 지혜롭게 위치를 바꾸어 가는 팀워크에 의한 멀티플레이어를 만들었다.

# 경계하며 먹는 원숭이(논스톱 패스)

코끼리는 힘은 있어도 한 번 움직이는데 시간이 걸린다. 원숭이는 순발력이 강하고 항상 경계를 하면서 먹이를 먹는다.

스피드 없는 선수나 팀은 경쟁력이 없다. 축구에서 볼은 논스톱으로 이어져야 한다. 아무리 강한 팀도 상대가 가지고 있는 볼의 위치를 알지 못하면 공격하지 못한다.

원숭이가 먹이를 먹으면서도 항상 도망갈 구멍을 생각하면서 경계하는 것은 마치 축구 선수가 자신에게 온 볼을 정지시키지 않고 같은 팀원에게 패스하는 것과 같다.

축구에서 볼을 오래 가지고 있다는 것은 공격력이 없다거나 상대팀의 수비가 막강하다는 것이다. 공격하지 못하는 축구, 상대의 수비를 뚫지 못하는 축구는 이미 진 경기이다.

원숭이는 맛있는 먹이를 먹기 위해서는 집단적인 공격을 한다. 그들은 나뭇가지나 풀 등으로 자신들의 위치를 표시하기도 한다. 소리없이 접근하여 공격하거나 일시에 사방에서 공격하는 방법은 하이에나 등 맹수들의 전형적인 공격 형태이다. 이렇듯이 경계를 하거나 공격하는 것은 치밀한 생각에서 나온다.

 # 위기에서 기회가 온다

신라 선덕여왕 11년, 고구려에 원병을 청하러 간 김춘추가 첩자로 오인되어 옥에 갇히게 되었다. 이때 고구려 장수 선도해에게 뇌물을 주자 그가 탈출의 암시로 구토지설을 들려주었다. 이야기는 인도의 본생경 불전 설화인 용원 설화가 근거이며, 후에 '수궁가', '별주부전'의 근원 설화가 되었다.

김춘추는 죽음의 위기에서도 적극적으로 고구려 장수를 유혹했고 고구려 장수는 간접적인 탈출방법을 가르쳐 줌으로써 장수의 체통을 유지하는 길을 택했다. 김춘추는 고구려에서 탈출한 비결을 자랑삼아 이야기했고 그것은 후세에 위기탈출을 위한 방법으로 전래되고 있다.

축구에서 위기는 결정적인 골이 터지지 않는 상황으로 상대에게 끌려가는 경기를 할 때이다. 공은 가지고 있으나 철벽 같은 상대 수비수를 뚫지 못하는 안타까운 심정은 선수들을 긴장시키게 된다. 집중적인 공격을 당하다 순간적으로 차단한 공으로 속공을 할 때 적은 당황하게 되고 골로 연결되는 경우가 있다. 이 순간 공격을 하던 선수들은 사기를 잃고 수비를 하던 선수들은 이때를 놓치지 않고 집중공격을 하게 된다.

위기에 몰린 경기를 뒤집는 방법은 항상 준비된 스트라이커가 있어야 한다.

 ## 한국의 골은 위기에서 나왔다

2002 월드컵 4강의 신화를 창조한 한국 선수단의 결정적인 골은 마지막 순간의 위기에서 나왔다.

이탈리아전에서는 후반 3분 전에 동점골을, 연장전 후반에서 결정적인 골을 넣었고, 스페인전에서는 연장전에 이어 PK에서 최후의 한 골로 승부가 결정되었다.

PK은 선수들에게는 순간적으로 지옥과 천당을 오가게 만든다. PK 성공률은 90%의 확률이지만 긴장과 초조로 위축된 선수들에게는 숨막히는 순간이고 실축은 긴장의 결과물이다.

기업경영자에게도 PK과 같은 순간이 있다. 거래처와의 관계, 신상품, 신기술경쟁, 경영전략의 결정적 판단 순간이다. 이를 테면 합병이나 분리냐를 결정짓는 경우에 합병으로 경쟁력을 얻는 경우도 있지만 합병으로 경쟁력을 상실하는 경우도 있다.

앞에서 지적했듯이 손등과 손바닥을 내미는 결정은 자신이 한다. 문제는 손등으로 던지는 공보다 손바닥으로 던지는 공이 강하다는 점이다. 손등에 있는 공을 손바닥으로 잡는 결단은 순간적인 결단이다. 손등에서 공이 떨어지는 위기를 기회로 만드는 생각을 해야 창조적인 게임을 할 수 있다.

생각이 힘을 만든다

미련한 코끼리 힘보다 생각하는 원숭이가 필요하다.

몸무게 4.5~7.7t의 코끼리 힘은 강력한 힘이지만 가느다란 오렌지 끈에서 벗어나지 못한다. 몸무게 4.5~70kg의 원숭이는 힘보다는 머리를 이용하여 무한한 힘(창의력)을 만들어 낸다.

자신의 힘만 믿고 생각하지 않는 유럽 강호들이 힘보다 강한 정신력으로 생각하는 축구를 하였던 한국팀에게 참패를 당하고 16강에서 떨어졌다.

보이는 힘보다 보이지 않는 힘이 강하다. 거대한 코끼리가 원숭이가 잡아넣은 생쥐 한 마리 때문에 원숭이의 노예가 되었다.

거대한 돌을 운반하기 위하여 지렛대가 발명되어 거대한 궁전이나 황무지 사막에 스핑크스를 만들어 냈다. 힘으로 해결하는 것은 지치면 끝이지만 생각(지혜)은 끝없는 힘이다.

미련한 힘보다 생각하는 정신력이 보이지 않는 힘을 만들어냈다. 강한 힘은 위기가 다가올수록 약해지지만 보이지 않는 정신력은 위기에 강해진다. 한국은 경기 종료전에 결정골을 넣었다. 정신력의 골이었다. 상대팀은 그 순간 힘을 잃었다.

축구에서 힘은 절대적인 요건이다. 힘없는 선수가 전후반전을 뛸 수 없으며 기회가 왔을 때 결정적인 골을 넣을 수가 없다. 그러한 절대적인 힘을 만드는 것이 생각이다.

생각하며 즐긴다

원숭이는 호기심에 도전한다. 앞서 지적한 바와 같이 아이는 간단한 장난감 하나로 하루종일 지칠 줄 모르고 재미있게 논다. 아이가 장난감을 집어던질 때는 싫증나서 던지기보다는 장난감이 자기 생각대로 움직여 주질 않기 때문이다.

하나의 장난감을 가지고도 재미를 느끼는 아이와 같이 원숭이는 끝없이 새로운 흥미를 만들어 간다. 원숭이는 죽을 때까지 나무를 떠나지 않는데 이는 나무에서 재미를 느끼기 때문이고 땅에 내려가면 적이 공격할 때 빠르게 대비하기 어렵기 때문이다.

같은 공도 던지고 굴리고 차고 튀기며 다양하게 즐길 수 있다. 공을 던지거나 굴리거나 찬다는 생각만 한다면 쉽게 흥미를 잃어버린다. 또한 혼자 논다고 생각하면 오래도록 놀지 못한다. 아이나 원숭이의 시각에서는 주변의 모든 것이 친구이고 놀이터이다. 모든 사물을 생각의 대상으로 여기는 것이다.

놀이는 혼자 하지만 주변의 모든 것들과 함께 논다고 생각하고 서로 말도 하기 때문에 어른들의 생각과 다르다. 반드시 이익을 주고받는 조건이 없으며 순간적으로 놀고 말하는 것으로 만족할 뿐이다. 조건적인 생각은 닫혀진 생각이다. 동시에 감격하면 모르는 사람끼리도 감정 없이 껴안게 되는 것이다.

2. 고정관념 깨기

내게 필요한 것은 실력 있는 선수뿐이다. 학연과 지연과 혈연을 무시하라. 어느 곳에 선수가 있는 지 내가 뽑겠다.

히딩크는 유능한 선수를 뽑기 위해 직접 경기장으로 다녔다. 히딩크가 선발한 선수들에 대한 비판이 거셌다. 능력 없는 선수를 기용했다는 비판에도 히딩크는 흔들리지 않았다. 그의 판단은 정확했다. 당시 유명 선수의 그늘에 가려졌던 선수들이 혼신을 다해 골을 넣었고 4강이라는 결과에 자신의 역할을 충분히 발휘했다.

대부분 기업은 신입사원을 기다리면서 뽑는다. 이력서를 내러

오는 지원자들은 대부분이 이곳 저곳을 다녀온 사람들이다. 다른 곳에서 떨어진 사람이라면 이쪽 회사에서도 떨어질 사람이다. 히 딩크와 같이 현장에서 창의성 있는 인재를 뽑아야 한다.

  아프리카 밀림에는 먹을 과일이 풍부하다. 그러나 아프리카 사 람들은 굶주림에 죽어가고 있다. 그들은 먹거리를 관리하지 않고 과일을 재배하지 않아 굶주리고 있는 것이다. 떨어지는 과일 나 무 밑에서 입만 벌리고 기다리는 기업이나 개인은 발전할 수가 없다. 잘못된 관행이나 풍습을 뒤집는 생각과 행동만이 창조를 한다.

잘못된 관행을 깨라

히딩크는 한국의 전통적인 선수선발에 문제점을 제시했다. 히딩크가 제시한 사건은 신문에서도 보도된 바가 있다. 예를 들어 대학 선수가 되려면 수억의 돈이 필요하다는 것이었다.

일반인들의 상식으로는 운동에서만큼은 돈이 통하지 않는 것으로 생각했다. 가끔씩 예능계 대학입시부정으로 사회 문제가 된 적은 있었다. 그러나 체육계에도 선수선발 과정에 선수의 능력보다 돈으로 해결하는 전통이 있었다.

국가대표 선수 기용에도 돈을 주고받는다는 사실에 히딩크는 칼날을 댔다. 그것은 히딩크를 비난하는 무리를 만들었다. 한국 선수나 감독들이 해결하지 못하던 문제를 히딩크는 과감하게 해결했다. 이런 히딩크를 감싸준 사람이 바로 정몽준 회장이었다.

정주영 회장의 막걸리식 경영전략의 우수성이 인간을 먼저 본다는 점이었다면 이번 정몽준 회장의 결단도 이해된다. 전통보다 중요한 것은 현실이다. 현실에 맞지 않는 관행을 깨지 못하면 발전도 없다. 기업도 마찬가지이다. 기업의 전통성(복종)도 중요하지만 잘못된 전통성은 깨져야 한다.

기업에서 창의력 강의를 하다보면 대개가 전통성의 문제점이

나타난다. 내가 하는 기업교육 중에 창의성을 심어주기 위한 과
정으로 서로의 역할을 바꾸어 대화를 하는 과정이 있다.

상사가 부하에게 명령을 하거나 부하가 상사에게 보고를 하는
시뮬레이션 과정에서 대개의 직원들은 기업의 전통성을 꺼내며
절대 복종적인 대화만을 주고받는다.

"왜, 절대 복종만을 합니까? 자신의 생각과 하고싶은 말을 하
세요."라고 수없이 주문해보지만 대개는 이것이 회사의 전통이라
고 답변한다. 그들은 교육을 받으면서도 상사의 눈치를 살피고
있었다. 창의력(아이디어 개발) 교육시간에도 교육생들의 태도가
그러하다면 다른 시간에는 오죽할까라는 생각이 들었다.

회사에서 창의력개발 교육을 실시하는 것은 각자의 창조적인
능력을 개발하여 기업에 이바지하라는 주문이지만 사원들은 저
마다 다른 창의력을 나타내는데 주저하고 있다.

히딩크의 멀티플레이는 각자의 능력을 최대한 발휘하여 수비수
도 되고 공격수도 되라는 것이다. 기업에서 원하는 창조적인 사
원도 마찬가지이다. 이러한 교육이 되려면 먼저 기업의 CEO나
담당자의 생각이 히딩크처럼 바뀌어야 한다.

코끼리와 같은 고정관념을 깨야 창조적인 히딩크 생각을 한다.

 # 가장 소중한 것도 포기하라

IMF 위기를 극복하는 처방전으로 기업의 가장 핵심사업을 매각하는 사태가 발생했다. 비대해진 기업의 방만한 사업을 정리하면서 기업들은 적자기업만을 처분하려 했다.

외국기업들은 적자기업을 인수하려 하지 않았다. 그들은 적자기업보다는 흑자기업을 매각하라고 주문했다. IMF 정리대상 기업들은 흥분했다. 손도 대지 않고 코를 풀려는 발상이라고 끝까지 기업을 포기하지 않을 태도였다.

그런데 가장 소중한 핵심기업을 처분하여 적자기업을 회생시킨 기업들이 나타나기 시작했다. 적자기업 중에 포기할 것은 포기하고 시장성이 있는 기업을 회생시키는 노력은 시간이 지나면서 서서히 나타났다. 알짜기업을 매각한 돈으로 회생기업을 살리는 기회가 되어 일류상품을 생산하는 기업으로 탈바꿈했다. 기업과 사원들이 뭉친 기업이다.

적자기업을 회생시키기 위해 기업은 투명경영을 취했고 사원은 투명경영으로 인한 희생을 감수함으로써 경쟁력을 되찾았다. 비결은 기업경영자와 사원간의 공개적인 대화이었다.

가장 경쟁력 있는 기업을 포기하고 적자기업을 회생시켜 최고의 기업으로 탈바꿈시킨 비결은 경영자와 사원간에 자기주장만의 고정관념을 깨뜨린 결과였다.

 # 고정관념을 깨면 기회도 온다

기회는 준비된 자에게 온다(철저한 반복훈련).

체력은 훈련으로 키울 수 있으나 정신력은 훈련만으로 키울 수 없다. 근면, 성실, 충성이라는 것은 누구나 알고 있으며 누구에게나 절대적인 것이지만 실천하지 않으면 소용없다.

히딩크가 선수를 현장에서 선발한 이유는 선수의 근성을 보기 위함이다. 기업에서 사원을 뽑을 때 찾아온 사람들 중에서 신입 사원을 뽑는 것은 이미 예고된 사고라고 볼 수 있다. 근성이 있는 선수는 준비하는 자이고 자신을 개발하기 위하여 모든 것을 포기할 수 있는 선수이다. 근성은 목표를 위해서는 최선을 다해 공격하고 도전한다.

마라톤 선수나 등산을 하는 사람들 중에는 끝까지 뛰고 정상까지 올라가는 선수도 있으나 도중에 포기하는 사람들도 있다. 체력에서 떨어지거나 정신력에서 떨어지는 사람이다. 혹독한 훈련 없이 도전하는 사람들의 실패담이다.

히딩크가 본 게임을 앞두고 강한 팀과 평가전을 가졌던 이유가 혹독한 훈련을 통해 강인한 정신력을 심어주기 위해서였다. 기회는 적극적으로 준비된 자에게 오는 보상이다. 강한 팀을 피하고 약한 팀과 훈련했다면 4강의 신화를 만들지 못했을 것이다.

# 손을 뻗어야 잡는다

생각은 누구나 한다. 그러나 아무나 아이디어를 내지 못한다.

지렁이도 밟으면 꿈틀한다. 생명체는 모두 생각하고 움직인다.

긍정적이든 부정적이든 모두가 생각하고 행동한다. 긍정적인 생각을 하는 사람은 적극적인 행동을 하고 부정적인 생각을 하는 사람은 소극적인 행동을 한다.

'나는 할 수 없어' 라는 생각과 '나도 할 수 있어' 라는 생각의 차이는 할 수 없다는 소극적인 자세와 할 수 있다는 적극적인 자세의 차이이다. 즉 손등과 손바닥의 차이라고 말할 수 있다. 손을 뻗는 사람은 손등을 내미는 것이 아니라 손바닥을 내미는 것이다. 손등과 손바닥은 한순간의 생각의 차이이다.

기회는 긍정적인 생각과 적극적인 행동을 하는 자가 얻는다.

먹을 것이 풍부한 아프리카인들은 적극적으로 먹거리를 기르지 않으므로 굶어가고 있지만 먹을 것이 적은 백인들은 적극적으로 먹거리를 찾고 기름으로써 풍요한 생활을 하는 것과 같다. 이처럼 생각은 실천으로 만들어진다. 실천하는 생각이 창조를 만들고 변화를 만든다.

21세기 초일류기업의 일류상품은 변해야 산다. 적극적으로 손을 뻗어 실천하는 기업만이 창조적인 기업으로 경쟁력(신상품, 신기술, 신경영 전략)을 창출할 수 있다.

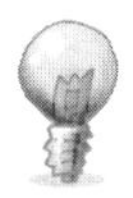# 실천하는 훈련이다

백인들은 쉴 사이가 없었다. 마치 하이에나 한 마리가 먹이를 차지하면 다른 하이에나들이 공격을 하는 것과 같다. 원숭이들이 집단으로 행동하는 것은 먹이를 구하기 위함이다.

훈련은 쉬지 않고 반복되는 과정이다. 프로 선수들은 개인적인 시간이 거의 없다. 그들에게는 개인적인 신체적 피곤함이나 사정을 봐주는 것도 없다. 신체적 피곤이나 개인적 사정은 프로의 자격을 상실하는 이유가 되기 때문이다.

엄청난 힘을 가지고도 가느다란 오렌지 끈에 묶인 코끼리가 단 한 번이라도 고개를 쳐든다면 코끼리는 영원한 자유를 얻을 수 있다. 코끼리는 별도의 훈련 없이도 끈에서 해방될 수 있으나 스스로 포기하고 있다. 코끼리에게 필요한 훈련은 힘의 훈련이 아니라 정신적인 훈련이다.

유명한 어느 낚시꾼을 취재하기 위해 찾아간 기자는 낚시꾼의 이상한 행동에 관심이 있었다. 낚시꾼은 잡은 물고기 중에서 자신의 팔뚝보다 큰 것은 모두 버리는 것이었다. 낚시꾼은 물고기를 칼로 잘라서 먹지를 않았다. 그에게 유일한 요리기구는 팔뚝 지름의 프라이팬뿐이었다. 자르지 않은 물고기를 먹기 위해 프라이팬의 지름보다 큰 것은 버려야 했다. 이것이 낚시꾼의 고정관념이었다.

3. 자신감 만들기

할 수 있다는 생각과 할 수 없다는 생각의 차이는 자신감의 차이이다. 자신감은 스스로의 생각이다. 경험적인 자신감이나 긍정적인 자신감은 적극적인 행동을 만든다.

"오르지 못할 나무는 쳐다보지도 말라."는 말은 자신감을 뿌리째 뽑아 내는 말이다. 도전도 해보지 않고 스스로 포기하는 자포자기, '나는 안 돼.' 라는 생각이나"니 주제에 뭘 한다고.", "그것도 실력이라고 하냐."는 식의 말들은 자신감을 없애는 말들이다. 자신감을 심어주는 방법은 생각이 아니라 실천이다. 결과는 실천한 후에 평가받는다. 히딩크 감독은 주변의 비평에도 아랑곳하지 않고 "세계를 놀라게 할 것이다."라는 자신감을 말했다.

자신감은 시작도 하기 전에 장담하는 것이 아니라 행동으로 보여주는 정신력이다. 체력훈련을 통한 정신적 자신감이 완성된 자신감이다.

교만한 원숭이의 생각

코끼리 등 위에서 묘기를 부리던 원숭이가 휴식을 취하려고

코끼리 앞에 있는 그네에서 눈을 감고 있었다.

코끼리는 원숭이에게 한 가지 묘기를 가르쳐 달라고 애원했다.

원숭이는 덩치 큰 코끼리가 애원하는 모습이 애처로워 보였다.

원숭이는 코끼리에게 어떤 묘기를 하고 싶은가 물었다.

"글쎄, 나는 너처럼 몸이 날렵하지 못하니까 어려운 것은 할 수 없어.

원숭아, 네가 보기에는 내가 뭘 할 수 있을 것 같니?

너는 항상 내 등 위에 있었으니 나보다 잘 알 것 아냐?"

교만했던 원숭이는 코끼리의 칭찬에 그만

가르쳐 주어서는 안 되는 것을 가르쳐 주었다.

"야, 가느다란 줄에 매어 있는 것부터 벗어나봐?"

"그것은 안 돼, 나는 할 수 없어…."

가느다란 줄에 매어 있는 코끼리의 어리석은 생각을 비웃던 원숭이는

자신의 목에 줄을 매어 두 손으로 당기며

줄에서 벗어나는 방법을 보여 주었다.

코끼리는 생각했다.

자신보다 힘없는 원숭이가 줄에서 벗어난다면

나도 해봐야겠다고 생각하고 코끼리는 목을 쳐들었다.

순간 오렌지 줄이 끊어지면서 말뚝이 부러졌다.

그후 다시는 원숭이는 코끼리의 등에 올라가지 못하게 되었다.

 ## 강한 팀과 싸운다

코끼리는 싸우기도 전에 몸집에서 승패가 결정된다. 자신보다 몸집이 크면 일단 후퇴를 한다. 때로는 상아의 길이를 서로 대어 보고 짧은 놈이 물러난다.

일당백(一當百)은 하나로 백을 이긴다는 말이다. 공격과 수비를 동시에 할 수 있는 자신감은 체력훈련에서 나왔다. 전후반전을 뛰어도 지치지 않는 자신감은 강한 훈련에서 만들어졌다.

한국 선수들은 월드컵대회 전에는 전반전에서조차도 유럽 선수들에 비해 체력이 떨어져 제대로 뛰지 못했다. 그러나 월드컵에서 한국 선수들은 전후반전을 뛰고 연장전까지 뛰면서도 유럽 선수들에게 밀리지 않았다. 오히려 경기가 오래 될수록 체력이 떨어지는 것은 유럽 선수들이었다.

히딩크는 유럽 선수에 대한 한국 선수들의 콤플렉스를 떨쳐내기 위하여 월드컵 평가전을 유럽의 강호들과 가졌다. 예상을 뒤집고 막상막하의 가능성을 관중에게 보여 주었다. 이때 한국 선수들은 유럽 선수에 대한 자신감을 얻었다.

혼자서 해결 못 하면 두 명, 세 명이 수비하고 공격하라는 히딩크의 전략은 압박수비라는 강력한 자신감을 만들었다. 일당백의 자신감에서 한국은 월드컵 4강의 신화를 창조했다.

# 섹스도 자신감에서 나온다

"당신은 코끼리처럼 살이 쪘어."라는 말을 듣고 남편 앞에서 섹시한 자태를 뽐낼 여성이 있을까. 대부분의 여성은 이러한 한마디 말에 자신감을 잃고 몸매에 대한 공포감을 가지게 된다.

그러나 코끼리 같은 그녀에게 "당신은 육체파야. 나는 당신의 풍만한 육체에서 만족감을 느끼지…."라고 진심에서 우러나는 칭찬의 말을 하면 그 비만 여성은 자신감을 얻고 섹스에 대한 자신감도 가진다.

40대의 남성이 섹스에 자신감을 잃어버리는 경우는 대개가 부부간의 섹스에서 부인으로부터 들은 한마디의 말 때문이다.

"문전 더럽히려면 그만둬요."

정신적인 부담은 육체적인 자신감까지 빼앗아간다.

히딩크 감독이 애인과 함께 모습을 보이자 기자들의 비평이 나왔다. 히딩크 감독은 사생활로 감독의 자질을 평가하는 한국의 풍토를 이해하기 어렵다고 했다. 육체적으로 결함이 있다면 정신적으로 결함을 가지게 된다는 자신감의 표현이었다.

자신감은 육체적인 자신감과 정신적인 자신감에서 나온다. 육체적 자신감은 건강한 체력과 활발한 섹스에서 만들어지고, 건강한 육체에서 적극적이고 긍정적인 창의력이 나온다. 기업이 사원의 사생활을 제한하거나 관여하면 자신감을 빼앗게 된다.

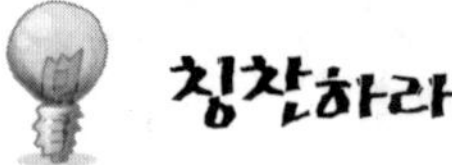

칭찬하라

그녀를 칭찬하라. 선수를 칭찬하고 젊은 세대를 칭찬하라.

풍만한 육체를 칭찬하고 주름잡힌 얼굴을 칭찬하라. 육체적인 결함이나 비대칭에 대한 정신적 부담은 자신감을 상실시키지만 칭찬 한마디에 그녀도 선수도 젊은이도 자신감을 가진다.

노을진 석양을 바라보며 황혼에 물든 황금대지를 아름답다, 황홀하다고 말하는 사람은 과거에 대한 자신감을 가진 사람이고 황금물결을 보면서 눈물을 흘리거나 한숨을 짓는 사람은 자랑스런 과거가 없는 사람이다.

코끼리나 원숭이를 사육하는 사육사는 항상 동물을 칭찬한다. "어제는 먹기만 하고 오늘은 잠만 자냐?"라고 야단칠거리만을 골라서 말하는 사육사에게는 동물이 길들여지지 않는다.

히딩크는 선수들을 야단치는 코치에게 왜 야단을 치냐고 반문했다. 선수는 야단을 맞으려고 운동을 하는 것이 아니라 게임을 즐기기 위해 운동을 하는 것이다. 히딩크의 칭찬요법은 선수들을 긴장에서 해방시켜 자유롭게 자신의 소질과 능력을 개발하도록 했다. 길거리 응원을 바라보는 기성세대들은 우려의 목소리를 내었지만 한 건의 사건, 사고도 없이 응원전을 마친 것은 젊은 세대의 보이지 않는 힘이었다.

# 고정적인 잣대로 평가하지 말라

　기업이나 모든 조직에는 지켜야 할 기준이 있다. 리더는 말없이 순종하는 부하를 원하면서 문제를 해결하거나 발전을 위해서는 자유롭게 창의력을 창출하라고 주문한다.

　상반되는 이론에 부하들은 방향을 잡지 못한다. 철저하게 명령에 복종하게 하든지 자유롭게 스스로 행동하게 하든지 리더는 방향을 제시해야 조직원을 이끌 수 있다.

　"도대체 어떻게 하라는 것이지?"

　"중립을 지키라는 것이지 뭐, 제안을 했다가 잘못되면 나만 문책 당한다고… 입만 다물고 있으면 손해 볼 일이 없어…."

　리더의 성격이나 가치 기준이 조직원의 평가 기준이 되는 경우가 많다. 일률적인 평가 기준으로 상대를 평가하는 것은 초일류기업이라 할 수 없다.

　초일류기업의 조직은 다양한 조직원의 집단이다. 각자가 담당하는 부서가 다르고 각자가 개발해야 하는 문제가 다르다. 그럼에도 하나의 평가 기준으로 공평하게 평가한다는 것은 한국의 암기식, 주입식 교육의 실패적 경험에서 나온 잘못된 발상이다.

　히딩크는 선수기용 기준을 하나만으로 삼지 않았다. 그는 선수의 가능성을 기준으로 삼았고 가능성은 선수마다 각기 다른 역할(수비와 공격)에서 평가했다.

# 공수의 멀티 플레이어가 되라

공격수나 수비수가 서로의 눈치를 살피고 있는 팀은 반드시 경기에서 패한다. 모두가 공격수가 되고 모두가 수비수가 되면 상대팀은 누구를 방어해야 하고 누구를 떨어뜨려야 할지 몰라 당황하게 된다. 상대의 작전을 분석하는 것은 공격과 수비를 누가 어떻게 담당할 것인가를 정확하게 준비하기 위함이다.

세계는 지금 '코끼리 전쟁' 중이다. 서로 나약하다며 삿대질하고 있는 양상이다. 21세기 세계경제의 맹주가 되기 위한 주도권 싸움이다. 순진했던 거대한 코끼리가 사나운 코끼리로 변하여 동물 세계를 평정하려는 싸움이 벌어지고 있다.

미국의 유명한 경영자 잭 웰치는 거대기업인 GE를 각고의 노력 끝에 '춤추는 코끼리'로 만들었다. 수많은 직원을 해고하면서 모든 직원들이 공격수와 수비수의 역할을 감당할 것을 요구했다.

IMF를 당했던 한국이나 그 밖의 국가들은 기업과 국민이 공동의 고통으로 난국을 극복할 것을 요구했다. 수많은 직원을 해고해야 하는 기업의 입장과 실업자를 최소화시켜야 하는 국가의 입장에서 서로가 고통을 나누어 수비수와 공격수의 입장으로 문제를 해결할 것을 주장했다. 그러한 고통을 분담했던 한국은 미래의 자신감을 가지고 세계사에 기록을 남기는 짧은 기간 내에 IMF를 극복했다.

상대의 정보를 분석한다

축구는 상대 골문에 골을 많이 넣는 팀이 이긴다. 축구에서는 결정적인 골을 많이 넣는 선수가 스타가 된다. 야구에서 홈런을 많이 치는 선수가 인기를 얻는 것과 같다. 그러나 축구와 야구가 다른 점은 축구에서는 혼자서 공을 몰아서 골로 성공시킬 수가 없다. 반드시 어시스트를 받아서 골을 성공시킨다. 이것이 야구의 홈런 왕과 차이점이다.

축구는 팀원 11명이 함께 하는 경기이다. 1:1의 수비에서 지면 공을 빼앗기게 되고 상대편에서 공격하게 된다. 개인기에서 뒤지면 1:1의 대결에서 패한다. 이때 2:1 또는 3:1로 방어를 하면 개인기에서 뒤지는 패인을 막을 수가 있다.

이러한 방어는 상대에 대한 정확한 정보가 필요하다. 축구는 선수만이 경기를 하는 것이 아니라 경기장 뒤에 있는 코칭스태프도 함께 한다. 그들은 상대의 정보를 수집하여 철저하게 분석하여 선수들을 훈련시킨다. 어떤 동작 다음에는 어떠한 동작이 나온다는 철저한 분석 자료에 의하여 상대의 발을 묶어 놓게 된다.

히딩크는 훈련과정에서는 상대 선수에 대한 비디오분석 등의 정확한 정보에 의한 수비연습으로 선수들에게 자신감을 심어주었다. 과학적인 훈련을 통해 할 수 있다는 자신감을 심어주었다.

정면 대결하라

우회적인 싸움을 할 때가 있고 정면으로 싸움을 할 때가 있다.

상대를 바라보고 싸우는 것은 배짱과 힘이 필요하다. 우회적인 싸움을 하는 것은 배짱과 힘이 부족할 때이다.

배짱과 힘은 자신감을 가지게 한다.

코끼리는 날아오는 화살을 맞으면서 공격한다. 코끼리를 전장에서 선봉대열로 이용했던 시절에 코끼리는 화살을 맞으면서 적진으로 쳐들어갔다. 코끼리를 전쟁의 이동수단으로 이용했던 시절의 무사들은 꼬챙이 칼을 가지고 다녔다. 그 이유는 코끼리는 적군에게 돌격할 때나 무너뜨릴 때 가공할 힘을 내지만 소리에 민감하여 때로는 코끼리를 타고 있는 사람이 위험할 때도 있기 때문에 그때에는 타고 있던 코끼리를 죽여야 했다.

자신감은 코끼리를 타고 싸우는 용사와 같다. 하지만 자신감은 한순간에 모든 것이 무너지기도 한다. 끝까지 용기를 가지고 흔들리지 않는 배짱이 승리를 만든다.

몸싸움은 용기와 배짱을 키우는 과정이다. 사원이 배짱이 없으면 도전하지 못한다. 더듬거리는 말, 주춤거리는 행동 등의 망설임은 배짱이 없고 용기가 없기 때문이다. 창조적인 사원은 창피나 두려움을 떨쳐 버린 원숭이와 같아야 한다.

4. 틈새 공격하기

골리앗과 다윗의 싸움은 틈새를 공격한 싸움이었다. 계란으로 바윗돌을 치는 것과 같았지만 계란으로 바윗돌을 깨트리는 결과를 만들었다. 거대한 바위를 뚫는 것은 한 방울의 빗방울이다. 끝없이 반복하여 떨어지는 빗방울로 바윗돌은 깨진다.

원숭이가 코끼리를 종처럼 부릴 수 있었던 비결은 코끼리의 약점을 최대한 활용했기 때문이다.

작으면 빈틈이 없다고 한다.
작을수록 빈 공간이 없고 클수록 빈 공간이 많은 것은 자연의

법칙이다. 이를테면 대기업보다는 중소기업의 허점이 적다는 것과 같다. 말이 많으면 실수도 많아진다. 히딩크는 말이 적었다.

거대한 코끼리의 다리를 만져본 장님의 이야기와 같이 코끼리의 단점은 너무 크기 때문에 장님의 입장에서는 코끼리는 기다란 무가 되기도 하고 쌀을 고르는 커다란 키가 되기도 하고 돌절구가 되기도 하고 평평한 침대가 되기도 하고 커다란 항아리가 되기도 한다.

이처럼 서로 다르게 느끼는 점이 코끼리의 장점이 되기도 하지만 약점이 되기도 한다. 유럽 강팀의 약점이 지나친 자신감과 오만이었다는 점과 같다.

 # 허를 찔러라

원숭이가 코끼리의 허점을 찔렀듯이 틈새 공격은 상대의 허를 찌르는 공격이다. 축구에서는 상대의 빈 공간이 발견되면 즉시 공격수가 들어가면서 또 다른 공격수에게 어시스트를 해주어야 한다. 상대 수비가 철벽수비라는 것은 빈 공간이 없다는 것이므로 공격수들은 양쪽 공간을 활용한 폭넓은 공격, 다양한 공격으로 수비들을 흩어지게 유도하여 빈 공간을 만들어 공격해야 한다.

막강한 수비수가 집결한 가운데로 공격을 하는 것은 코끼리의 코를 집중으로 공격하는 것과 같다. 이미 코끼리 코는 만능기구로 발달되어 언제든지 온몸의 힘을 모아 코로 공격할 수 있다. 여기서 코끼리의 콧구멍을 공격해야 하는 것이다. 원숭이는 코끼리의 심장부를 공격하기 위해 가장 발달된 코를 선택했고 그 중에 콧구멍을 공격 목표로 삼았다.

가장 강하다는 것은 가장 약한 부분을 동시에 가지고 있다. 공격수의 중요한 점은 죽기 아니면 까무러치기로 도전하는 정신력이다. 철옹성을 공격하려면 적의 정보를 분석해야 한다. 어느 부분이 가장 강하고 약한가를 파악하고, 약한 부분을 어떻게 공격할 것인가를 다양한 방법으로 사전 연습을 한다. 이것이 예행연습이다. 튼튼한 뚝은 바늘구멍 같은 아주 사소한 것으로부터 뚫리는 법이다. 허를 찌르려면 특공대가 필요하다.

 ## 분석자료로 공격하라

히딩크 감독이 한국팀 경기를 처음 본 것이 2000년 12월의 한·일전이다. 그는 올림픽팀과 대표팀 경기를 비디오로 분석했다. 비디오를 통해 무엇을 생각했을까?

팀과 개인의 장단점을 보았을 것이다. 그러한 정보를 가지고 단계적인 수술에 들어갔다. 그의 최종 목표는 팀 전체의 완벽한 조화, 즉 개인보다는 팀워크의 향상이었다.

정보분석에 의한 첫번째 과제는 정확하고 신속한 패스였다. 한국 선수들은 상대의 볼을 가로챈 뒤 찬스가 아닌 상황에서도 무리한 패스를 시도하여 공격의 효율성을 떨어뜨리는 경우가 많았다. 효율적인 경기의 부족으로 불필요한 드리블과 패스나 볼 소유가 많다는 점들을 고쳐가기 시작했다.

히딩크 사단의 코치 중에는 상대팀의 경기정보수집과 분석을 담당하는 사람이 있다. 선수들은 분석된 정보에 의하여 각 팀의 선수들에 대비한 훈련에 들어갔다.

프랑스의 지단, 아르헨티나의 바티스타, 포르투갈의 피구, 스페인의 비에리 등 세계 최고의 몸값을 자랑하는 스트라이커들이 이름도 없던 무명의 한국 선수들에게 다리가 묶여 무기력해졌다. 그들이 어떤 위치에서 어떤 동작을 취한다는 것을 미리 알고 그러한 모든 동작에 대비훈련을 했던 한국 선수들의 자료분석의 결과이었다.

지나친 자신감은 약점이다

거북이와 토끼의 경주 이야기 속에서 토끼의 자만심을 기억한다. 강한 힘과 빠른 속도, 영리한 꾀를 가진 토기는 자만심에 잠을 자다 느린 거북이에게 졌다. 거북이는 꾀를 부리지 않고 스스로의 약점을 인정했기 때문에 쉬지 않고 기어 갔다.

개인기가 좋고 힘이 강한 유럽 축구의 오만이 월드컵에서 16강에 오르지 못한 패인이다. 그들은 심판의 공정성을 의심했고 패인의 모든 것을 타인에게 돌렸다. 마치 거북이와 토끼의 경주를 심판했던 코끼리에게 책임을 돌린 토끼와 같다.

코끼리와 토끼의 자만심이 게임 상대도 아니라고 생각하던 거북이에게 진 것과 같이 대기업과 중소기업의 경쟁관계도 비슷하다. 중소기업이 신기술, 신상품을 개발하여 대기업의 기술과 상품을 초월하는 경우가 많다. 특히 IT산업에서는 대기업보다 중소기업이 경쟁력을 갖는 경우가 많다.

교육도 대기업은 오만과 자만의 형식적인 교육을 하는 경우가 있으나 중소기업은 철저한 교육을 원하고 있다.

중소기업은 기술력이나 재력으로나 대기업과 경쟁할 수 없다는 약점 때문에 스스로 살아남는 독특한 기술개발에 주력한다. 그들에게는 밤과 낮의 구별이 없다. 약점만큼 스스로를 보충하기 위해 노력하는 것이다.

# 밀착 수비로 맥을 끊어라

유럽 선수들의 틈새는 밀착수비였다.

방어를 할 때는 밀착해서 상대의 행동반경을 차단시켜야 한다. 상대에게 공간을 준다는 것은 자유롭게 기술을 발휘하게 만들어 결정적인 기회를 주는 요인이 된다.

개인기에 능한 유럽 선수들이 맥을 못 추고 현란한 묘기를 보일 수 없었던 것은 한국 선수들의 철저한 밀착수비 때문이었다. 그들은 강한 슛을 하지 못했고 정확한 패스나 공격을 하지 못했다. 그들의 패스는 약했고 약한 공은 한국 선수들의 빠른 발로 중간에서 차단할 수가 있었다.

한국 선수의 개인기나 체력이 그들을 앞도한 것이기보다는 정신력과 협동심이 그들의 사기를 꺾은 것이었다. 하나의 힘보다 강한 것이 집단적인 힘이라는 것을 세계 축구팬들에게 보여주었다.

월드컵이 끝나고 세계인들은 한국을 새로운 시각으로 다시 보게 되었다. 한국 선수들의 놀라운 성적보다는 한국인들의 우수한 응원문화와 협동심의 거리응원 문화를 통한 한국의 모습을 보고 한국을 다시 평가한 것이다.

축구를 통하여 한국 상품의 위상이 높아졌고 한국의 이미지가 높아졌다. 한국을 모르던 사람들이 한국을 이해하게 되었다.

# 강한 체력을 키워라

유럽 강호의 장점은 강한 체력이었다. 그러나 정신적으로 압박을 당한 유럽 강호들은 후반전에서 급격하게 체력이 떨어졌다. 체력이 약해서 떨어진 것이 아니라 정신력에서 체력이 약해졌다. 그들을 약하게 만든 데에는 응원단의 소리도 한몫을 했다. 연장전에서 응원단의 함성은 정신적인 압박을 준다고 한다. 약자가 강한 모습을 보일 때 먼저 약해지는 것은 강자이다.

호랑이가 고양이를 잡아먹으려고 할 때 고양이가 죽기를 각오하고 덤비면 호랑이도 피해 간다. 자연의 먹이 사슬에서도 약자가 강자에게 도전할 때는 강자가 피해 간다.

코끼리가 강자이지만 약자인 원숭이의 종이 되어 원숭이가 시키는 대로 움직이는 것도 같은 이치이다. 강한 체력은 강한 정신력을 만든다. 약자가 강자를 무서워하며 움츠리면 강자는 당연한 듯이 약자를 공격한다.

하이에나는 1:1로는 코끼리의 상대가 되지 못하지만 집단으로 공격하는 하이에나의 강인함에 거대한 코끼리도 생명을 잃는 경우가 있다. 체력은 흐트러지면 힘이 없으나 뭉치면 강한 힘을 나타낸다. 체력단련은 신체의 어느 한 부분만이 아닌 전체적인 균형을 잡는 전신운동으로 단련되어야 힘을 낸다.

심리전을 하라

　육체적 고통보다 심리적 고통이 선수들을 자극시킨다. 코끼리를 쓰러뜨린 원숭이는 심리전에서 코끼리를 이긴 것이다. 코끼리의 자만과 자존심을 자극시켜 스스로 쓰러지게 만드는 원숭이의 전략(꾀)이었다.

　강한 폭풍이 육지를 만나면 때로는 자연 소멸되어 버리는 자연의 이치와 같이 강한 자는 강한 장점과 동시에 그만큼 약점을 가지고 있다.

　심리전은 힘으로 이기는 것이 아니라 머리로 이기는 것이다.

　히딩크의 심리전은 경기 전에 공개하는 선수 명단에서 시작되었다. 각 팀은 팀의 전략적 노출을 최대한 막기 위해 출전 선수의 명단을 최후의 순간까지 비공개로 한다.

　앞서 지적하듯이 전략적 노출은 보이지 않는 정보전쟁이기 때문이다. 축구는 경기장에서만 하는 것이 아니라 경기장 밖에서도 이루어진다는 것은 이러한 전략을 말한다.

　기업간 경쟁에서 심리전을 이용하거나 응용하는 경우도 같다. 신상품, 신기술 경쟁에서 또는 광고홍보 경쟁에서 거짓정보나 상대의 심리를 자극시키는 전략으로 비밀리에 공격전략을 세우는 것이다. 이것이 비장의 무기이다. 히딩크는 경기종료 3분전에 선수를 교체하면서 결정적인 골을 성공시키는 심리전을 사용했다.

 ## 속전속결이다

틈새란 벌어졌다 좁아지는 시간이 짧다. 순간적으로 치고 빠지는 전략이다. 강한 자를 공격할 때 쓰는 전략이다. 약자가 강자와 맞대결을 하면 패하는 이유는 기술과 체력 때문이다.

전장에서 낮에는 아군이 점령하고 밤이면 적군이 점령하던 고지가 많이 있었다. 아군은 군 장비가 강했지만 적군은 치고 빠지는 전술에서 강했기 때문이다. 마치 소수의 정예원인 특공대가 적에게 치명적인 상처를 입히는 것과 같다.

코끼리의 뱃속에서 생쥐가 이리저리 쑤시고 다녔던 행동은 코끼리가 정신을 차리지 못하게 만드는 치고 빠지는 전술이었다. 만약 코끼리가 고통을 참으며 창자를 흔들었다면 생쥐는 살아 나올 수가 없었을 것이다.

틈새공격은 장기전이 아니다. 가장 짧은 시간 내에 목적을 이루며 후퇴하는 작전이다. 틈새공격은 신속 정확한 철저한 훈련으로 성공한다. 평소의 훈련보다 몇 배의 강한 훈련을 반복하여 눈을 감고도 목표물을 적중시키는 훈련이 필요하다.

나비처럼 날아서 벌처럼 쏘고 날아가는 틈새공격은 공격형 축구이다. 개인기에 능한 선수는 결정적인 순간에 골로 연결한다. 속전속결의 속공이다. 느린 공격에는 수비수는 준비하고 기다린다. 히딩크는 속전속결의 공격형 축구를 훈련시켜 성공했다.

제 3 장
생각하는 틀 만들기

　　정보 분석 없는 훈련은 계란으로 바위를 치는 것과 같다. 다윗이 골리앗을 쓰러뜨린 것은 힘보다 훈련된 돌팔매질의 결과였다.

　　히딩크는 강인한 멀티플레이어의 창조적 게임을 위한 반복된 훈련을 시켰다.

　　훈련을 받았거나 어미 원숭이가 개미를 잡아먹는 행동을 본 원숭이는 막대기로 쉽게 개미를 잡아먹지만 훈련받지 못한 원숭이는 기어가는 개미나 개미집을 파헤쳐서 개미를 잡아먹는다.

원숭이와 호랑이의 훈련

호랑이는 새끼를 낳으면 낭떠러지로 올라가 새끼를 아래로 밀어낸다.

힘이 약한 새끼는 낭떠러지에서 떨어져 죽지만

대개의 새끼들은 죽을 힘을 다해서 낭떠러지를 기어올라온다.

낭떠러지를 기어오르지 못한 호랑이는 맹수의 자격이 없다는 것이

호랑이의 훈련법이다.

어미 원숭이가 맹수 중의 맹수인 호랑이가 새끼를 훈련시키는 장면을 보고

죽을 때까지 나무에서 떨어지지 않는

원숭이로 키워보겠다는 생각으로 가득 차 있었다.

그래서 나무에서 떨어지지 않는 훈련을 위해

나무 맨 꼭대기로 새끼를 안고 올라갔다.

어미는 새끼를 나무 위에 놓고 아래로 내려갔다.

항상 어미의 등에 붙어 다니던 새끼는 어쩔 줄 몰라 나뭇가지를

붙들고 한 발도 움직이지를 못했다.

시간이 흐르면서 새끼 원숭이는 움직이지 않고

어미만을 목청 터지게 불렀다.

이윽고, 힘이 빠진 새끼 원숭이는 잡고 있던 나무에서 손이 미끄러졌다.

새끼 원숭이는 50m 높이의 나무 꼭대기에서 이리저리 나뭇가지에 스치며

밑으로 떨어졌다. 순간 어미는 나무 밑으로 달려가 떨어지는 새끼를

가슴으로 받았다. 어미 팔에 안긴 새끼는 이미 죽어 있었다.

어미는 평생을 "내탓이요."라고 소리치며 살았다.

그후 원숭이는 새끼를 어미 등에서만 키웠다.

1. 정신훈련 5단계

정 신훈련 5단계

① 소신대로 하라.

② 기초훈련에 충실하라.

③ 장기적 비전을 제시하라.

④ 프로다운 철저한 준비를 하라.

⑤ 철저한 용병술을 써라.

히딩크는 선수들의 장기를 개발했다. 히딩크가 징벌 위주보다
는 칭찬 위주로 훈련을 시키면서도 엄격한 규율을 지키도록 했던
것은 창의성을 키워주기 위한 정신훈련이었다.

훈련이 끝나면 선수들과 장난기 있는 행동으로 거리감을 좁혔고 훈련중에도 선수간의 대화를 강조했다. 긴장감과 초조감을 해소시키기 위한 훈련으로 많은 말을 하게 했다.

히딩크의 대화 훈련은 게임이 풀리지 않을 때 선수간의 대화로 긴장감을 없애고 공격이나 수비를 원활히 하기 위한 방법이었다. 특히, 한국 축구를 힘의 축구이기 전에 생각하는 축구로 만들면서 스트라이커에 의한 개인 위주 축구가 아닌 팀워크에 의한 축구로 전원을 수비수이면서 공격수로 훈련시켰다.

이러한 체력훈련을 무장시킨 것은 정신훈련이었다. 강한 훈련과 동시에 실전의 경험을 강조했던 히딩크는 신화를 만들었다.

소신대로 하라

  소신대로 하라는 것은 무한의 자유를 주는 것이다. 자유는 자신의 행동에 대하여 자신이 책임을 진다. 자유는 책임과 의무를 다할 때 진정한 자유를 누릴 수 있다.

  히딩크의 주문은 소신대로 하라는 것이었다. 생각하는 축구를 하라는 히딩크의 훈련은 자신의 특기를 살려서 각자의 포지션을 결정하라는 주문이고 감당할 자신이 없으면 스스로 물러나라는 강력한 주문이었다. 20m를 100번 왕복하는 훈련은 짧은 거리이지만 100번을 왕복함으로써 인내심과 체력을 동시에 강화시키는 훈련이다. 마라톤 코스를 뛰면서 인내력을 키우는 것보다 감독하기 쉽고 선수의 강인한 체력과 순발력, 신체적 리듬감각을 측정할 수 있는 고도의 훈련방법이었다.

  선수들은 체력보다는 정신력으로 뛰었다. 히딩크가 주문한 100번보다 평균 20번 이상을 더 뛰었다. 20m 140회 왕복!
  이것은 히딩크가 기대했던 훈련효과를 수치상으로 40% 초과달성하는 선수들의 자발적인 연습결과이었다. 그들은 한마디의 불평·불만도 없이 히딩크가 하나를 주문하면 두 개, 세 개를 완성하기 위해 소신껏 뛰었다.

  기업에서 강의를 하다보면 창의성 교육시간에 기업이미지 교육을 원하는 경우가 있다. 앞서 지적하듯이 무조건 복종하고 무조건 순종하는 사원으로 육성해 달라는 주문이다.

왜 창의성 교육을 해야 하는지를 모르고 초청하지는 않을 것이다. 그렇게 할 수밖에 없는 기업의 환경과 조건이 담당자를 무지한 사람으로 만드는 것이다.

교육생들의 태도를 보면 자발적인 경우가 많지 않다. 회사의 명령에 따라 교육장에 앉아 있고, 교육이 끝나면 삼삼오오 짝을 지어 새벽까지 술을 마시다 한두 시간 눈을 붙이고 교육장에 들어온다. 그들은 비몽사몽으로 교육을 받는다. 중요한 정보를 듣기보다는 졸린 눈을 달래주는 놀이를 좋아한다. 그래서 교육결과 평가서에서 가장 인기있는 강사는 놀이강사이다.

업무적 스트레스를 풀어주는 교육이라면 앞서 지적한 기업의 교육실태가 효과를 얻는다. 회사 내에서 쌓였던 피로와 긴장을 서로가 어울려서 술을 마시는 것으로 푸는 일도 교육이라고 볼 수 있다. 그러나 이것은 교육이기보다는 친목강화이다.

친목강화로 가장 좋은 것은 축구 등의 경기이다. 서로 돕는 방법을 몸으로 익히고 결정적인 순간을 위하여 하나로 뭉치는 효과를 만든다. 최선을 다했다는 말은 소신껏 했다는 말이다. 자발적인 참여에서 생각이 확산되고 창의력이 나온다.

# 소신대로 하라 - 자신감을 가져라

소신대로 일하는 사람은 자신의 생각에 대한 확신을 가지고 있으며 일에 대한 흥미를 가지는 사람이다. 히딩크가 선수들에게 경기를 이기려 하지 말고 즐기라고 주문한 것도 알고 보면 자신감을 가지고 축구를 하라는 주문이다.

자신감이 있는 선수는 축구공을 다루는 컨트롤이 좋다. 자유자재로 공을 다루는 선수는 공에 대한 자신감이 있기 때문이다. 이러한 자신감은 생각만으로 만들어지지 않는다. 앞의 사례와 같이 20m 왕복훈련과 같은 철저한 훈련, 반복 훈련 등을 통하여 자신감이 생긴다.

히딩크는 자신감을 키우는 훈련으로 몸싸움 훈련을 실시했다. 축구는 다른 경기보다도 몸싸움이 격렬한 경기이다. 상대방과의 몸싸움에서 지면 자신감도 잃어버린다. 코끼리가 상대의 몸집이나 상아의 길이로 기선을 빼앗는 것과 같다.

한 번 빼앗긴 자신감을 회복하는데는 시간이 걸린다. 그래서 자신감을 잃은 선수는 후보 선수로 밀리게 된다. 이렇게 밀려나기 시작하면 영원히 선수생활을 포기하는 경우도 생긴다.

골포스트를 맞고 나오는 골에 대한 생각을 빨리 잊어버리는 방법이 자신감을 찾는데 필요하다. 잊을 것은 빨리 잊는다.

 # 소신대로 하라 – 끼를 발산하라

선수에게 책임이 주어지면 스스로 의무감도 해결한다. 의무감은 자신의 소질과 능력에 따라서 결과를 만든다. 어느 선수는 수비밖에 못 하고 어느 선수는 공격밖에 못 하기도 하지만 끼를 가진 선수는 공격도 수비도 모두 해결해 낸다.

히딩크는 끼 있는 선수에게 책임을 맡겨 전천후 폭격기와 같은 무쇠 선수단을 만들었다. 권리와 책임을 주지 않고 의무만을 강조하는 경우가 많다. 대개 남의 말하기를 좋아하는 사람, 앞에서 협조하지는 않고 뒤에서 비평하고 비방하기를 좋아하는 사람들은 책임과 권리를 주어도 일을 하지 못한다.

끼를 가진 사람은 결정 순간에 골을 넣는다. 끼는 타고나는 감각이고 감정이라고 한다. 그러나 끼도 후천적으로 변화된다.

우울증에 걸렸던 어느 주부는 의사조차 치료를 포기하였지만 잠재된 끼가 후천적인 환경에 의하여 발동되어 순간적으로 우울증에서 벗어나기도 했다.

처음에 무의식중에서 축구경기를 바라보았다. 폴란드전을 지켜보던 그녀는 홍명보의 멋진 슛을 보는 순간 자신도 모르게 소리치며 두 손을 펼치며 자리에서 벌떡 일어섰다. 그녀는 월드컵 경기를 보다가 우울증을 완치했다. 그녀는 후천적인 환경에서 끼를 발산시킨 것이다.

기초 훈련에 충실하라

"그 사람 기본이 안 돼 있어"

"언제 봐도 기본이 된 사람이야."

"기본기가 전혀 없어서….'

저마다 보는 입장에서 사람을 평가한다. 예절이나 인사 등의 행동을 보고 보이지 않는 성격이나 인격까지도 평가한다.

식사를 하는 태도, 앉아 있거나 걸어가는 자세, 말하는 언어 등을 보면 그 사람이 어떠한 환경에서 어떠한 교육을 받았는지 알 수 있다. 면접관이 간단한 질문이나 행동을 통해 면접을 하는 것도 기본훈련이 잘되었는가를 평가하는 것이다.

히딩크는 기술은 익히면 되지만 인격은 가르친다고 되는 것이 아니라고 했다. 이것은 그가 선수들을 기용하는 척도가 되었다.

그가 선발한 선수 중에는 자격미달이라고 평가되는 선수들도 있었다. 히딩크는 주변의 비평소리를 무시했다. 히딩크의 기본기에 합격한 선수들이 주변 사람들이 예상하지 못한 결과를 창출했다.

송종국, 박지성, 김남일과 같은 선수들이다. 그들에게는 축구선수로서 기본기가 준비된 선수들이었다. 이를테면 졸업장이나 학위 등으로 신입사원을 뽑지 않고 소질과 능력을 기본으로 뽑는 것이다. 기본이라는 기준은 평가자의 기준일 뿐이다.

 # 기초 훈련에 충실 – 굳어지면 고치기 어렵다

습관이나 성격은 쉽게 고치기 어렵다. 잘못된 습관은 자신도 알지 못한다. 성격도 자신도 모르게 화를 내거나 부정적인 생각이나 행동을 하게 만든다. '왜, 내가 이럴까?' 하면서 스스로 자신의 행동에 대하여 후회한다.

한 번 길들여진 습관, 호기심으로 따라 하던 행동이 잘못된 습관으로 굳어지는 경우가 많다. 세 살 버릇이 여든까지 간다.

벼룩이 최고의 높이뛰기 능력을 발휘하면 자기 몸의 3천 배 높이까지 뛰어오를 수 있다. 그런데 플라스틱통 속에 벼룩을 넣고 뚜껑을 닫으면 플라스틱통에 갇힌 벼룩은 높이 뛰어오르려다가 뚜껑에 부딪쳐 고통을 당하거나 생명을 잃고 만다. 그후 벼룩은 높이뛰기를 포기한다. 이윽고 뚜껑을 치웠는데도 벼룩은 더 이상 높이뛰기를 하지 않는다.

코끼리가 끈에 묶여 영원히 말뚝에서 벗어나지 못하게 고정관념을 심어 준 것과 같이 벼룩이 플라스틱통 속에서 자신의 능력을 포기하게 만드는 것도 훈련의 결과이다.

무한의 능력은 기초훈련에서 만들어진다. 어릴 때 힘들고 고통스럽지만 철저하게 기본훈련을 시킨다면 성장 후 무한한 초능력을 발휘한다.

# 기초 훈련에 충실 – 신입사원 때 책임을 맡겨라

기업에서 신입사원 훈련을 한다. 대개는 회사에 대한 정신교육이다. 보다 중요한 교육을 한다면 신입사원으로서 기업에 무엇을 해줄 것인가에 대한 교육이 필요하다. 기업의 이념이나 목적에 대비한 자신의 역할을 스스로 찾게 해야 한다.

기업주가 신입사원들을 선발할 때 각자의 업무능력에 따라 선발했으면 히딩크와 같이 그들에게 즐기는 게임을 할 수 있도록 창조적 책임과 권한을 주어야 하고 사원은 의무를 갖는다.

아이디어 없는 사원은 미래가 없는 사원이다. 신입사원에게 아이디어교육은 기초훈련이다. 업무개선과 발전을 위한 아이디어를 창출하도록 교육한다. 업무보충을 위한 사원은 기업발전에 도움이 되지 않는다. 축구 경기에서 선수들은 어시스트 하나도 골이 되도록 경기의 흐름을 리드하는 선수가 되어야 한다. 자기 앞에 공이 오는 것을 두려워하거나 공이 왔으니 무조건 차낸다는 식의 선수라면 운동장에서 퇴장시켜야 한다.

지하철이나 대중이 모인 곳에서 큰소리로 울고 소리치고 이리저리 사방을 헤집고 다니는 아이를 보고 야단을 치지 않는 부모가 있다. 이것은 창의성을 키우는 것이 아니다. 기업의 사원교육도 마찬가지이다. 관리자는 사원들을 철저하게 엄격하면서도 동료애로 리드해야 한다.

기초 훈련에 충실 – 자신감을 주라

히딩크를 보고 아저씨나 할아버지라고 부르는 사람들이 많다.
그의 인상은 인자하면서도 눈빛은 먹이를 노려보는 맹수와 같
은 느낌을 준다.

기초훈련이란 이를테면 조련사와 코끼리와의 만남이고, 원숭이
와의 만남이다. 조련사는 코끼리나 원숭이의 발육상태를 보고 능
력을 테스트한다. 훈련이 잘되지 않으면 먹이를 미끼로 반복연습
을 시킨다. 대개 동물들이 묘기를 부리는 원인은 하나의 동작이
끝날 때마다 먹이를 얻어 먹을 수 있기 때문이다.

먹이 없이 훈련되는 경우는 코끼리나 원숭이가 조련사를 어미
로 착각할 때이다. 숙달된 조련사는 코끼리나 원숭이가 무엇을
좋아하는지 어떻게 해주면 잘 따르는지의 방법을 안다. 또한 어
느 때 엄격하고 어느 때 감싸주어야 하는가를 직감적으로 느낄
수 있다. 즉 훈련은 참아내기 어려운 난코스의 훈련만이 강한 체
력을 만들어 내는 것이 아니다.

적절한 훈련방법이 강력한 체력을 만든다. 히딩크는 20m 코스
의 짧은 거리를 선택하여 먼저 심리적으로 부담을 줄여주고 반복
훈련으로 강한 체력으로 만들어 내었다. 할 수 없다는 생각을 만
들기보다는 할 수 있다는 자신감을 주는 훈련이다.

장기적 비전을 제시하라

목적지 없는 항해는 좌초를 당한다. 망막한 수평선에서 내리쪼이는 태양 아래 식수가 떨어지면 선원들은 지치다 못해 폭동을 일으키게 된다. 선장은 선원들을 목적지인 항구까지 안전하고 평안하게 도착시키는 책임과 의무를 가지고 있다.

미래에 대한 희망이 없는 무인도에서 먹을 것이 있다고 행복한 것은 아니다. 문명이라는 것을 모르고 무인도에서 살아왔던 원주민들에게는 먹을 것만이 최상의 희망이다. 그러나 문명세계에서 살던 사람에게는 먹을 것보다 중요한 것이 미래에 대한 희망이고 문명에서 보았던 생활이다.

도시에 살다 산 속에서 사는 사람에게 가장 필요한 것이 무엇이냐고 물었다. 그들의 대답은 이중성을 가지고 있었다. 복잡한 교통, 난잡한 생활, TV 등의 정보 홍수를 피해 조용하게 자연과 더불어 살고 싶어 산으로 들어 왔다고 하면서도 가장 아쉬운 것이 다양한 생활상과 정보의 빈곤이라 답했다.

어느 사람은 하루종일 TV와 라디오에 의지하고 사는 사람도 있었다. 산 속으로 들어 온 원인이 삶의 방식이 되어 있었다.

이율적(二律的)인 대답이지만 그들의 공통점은 현실에 대한 부정과 불만에서 오는 아쉬움이었고 변화를 두려워하면서도 변화를 원하는 심리적인 욕구였다.

장기적 비전 제시 - 희망을 주라

1000명을 대상으로 무인도에 간다면 가장 먼저 가져가야 할 것이 무엇인가를 조사했을 때 응답자들은 나이와 직업에 따라 다양하게 답했다. CD, 돈, 옷, 먹을 것, 입을 것, 만화책, 비행기, 남자친구, 여자친구, 핸드폰, 무전기, 노트북, 텐트, 수영복, 모터보트, 잠수복, 코펠 등 대부분 당장 먹고 입고 즐길 수 있는 것을 대답했으며 일부는 씨앗, 라이터, 기름, 맥가이버 칼, 도구나 연장, 개 등을 대답했다. 전자와 후자의 대답 차이는 전자는 현실에 만족하고 다가올 미래에 대한 대답이 없으나 후자는 현실보다는 미래를 대비하는 대답을 했다.

히딩크를 감독으로 스카우트하면서 한국의 희망은 첫 승이라고 했다. 선수들은 월드컵에서 뛸 수만 있다면 하는 만족감이었다. 그것은 순수한 생각으로 순수한 축구를 할 수 있다는 자신감의 표현이다. 히딩크가 말했듯이 한국 축구의 희망은 선수들의 순수한 자세에서 확신감을 얻은 것이었다.

16강을 통과하자 8강, 4강에 대한 자신감과 확신이 생겼다. 선수들에게 가장 큰 힘은 할 수 있다는 자신감과 국민들의 응원이었다. 혼자 있다는 무인도 생각에서 국민과 함께 있다는 공동체 생각으로 바뀌면서 이길 수 있다는 확신을 얻었다.

 # 장기적 비전 제시 – 확신감을 주라

"믿음, 신뢰"

이것만큼 확신감을 만드는 것은 없다. 서로가 서로를 믿지 못하면 망하게 된다. 히딩크는 선수들을 믿었고 선수들은 히딩크라는 경험이 풍부한 감독을 믿었다.

믿음 없이는 전권을 주지 않는다. 선수의 적극적인 선발은 기존 선수들의 기득권을 배제하고 모두 동일한 조건에서 이루어졌다. 히딩크의 계속되는 친선경기, 예선경기에서의 패배는 기자들이나 정몽준 회장과 히딩크를 반대하는 세력들에게 비판할 소지를 제공하였으나 히딩크의 가능성에 확신을 가지고 있는 정몽준 회장의 믿음을 깨지는 못했다.

선수들은 히딩크의 고된 훈련방법에 적극적으로 참여했다. 오히려 히딩크가 주문한 것보다 더 많은 노력을 했다. 믿음과 신뢰가 만든 결과였다.

히딩크의 훈련을 마치면 반드시 유럽 강호들을 물리칠 수 있다는 확신감이 훈련과 경기가 거듭되면서 선수들의 마음을 자극했다. 히딩크의 몸싸움 훈련은 그러한 믿음과 신뢰를 피부로 느끼게 만들었고 몸싸움에서 밀리지 않게 된 선수들의 사기는 점차 높아졌다.

 # 장기적 비전 제시 - 소속감을 주라

앞서 지적하듯이 혼자 싸운다는 것과 아군이 함께 싸운다는 것은 정신적으로 큰 차이가 있다. 축구경기를 보면서 날쌔게 빼앗은 공을 어디로 보낼지를 몰라서 망설이다 결국은 상대팀에게 빼앗기는 장면을 여러 번 보았다.

유럽 강호들이 신생팀들에게 참패를 당한 것은 실력이 모자라서가 아니라 지나치게 개인 위주의 기술을 강조하였기 때문이다. 한국팀은 개인기가 부족하기 때문에 팀원 전원이 공격과 수비를 했고 이것이 팀의 소속감이다. 유럽 선수들은 개인적인 실적을 목적으로 하기 때문에 소속감에 대한 의식이 부족했다.

선수들은 지역의 팀으로 경기할 때는 지역 선수로 제 역할을 다하고 국가 대표로 경기할 때는 국가 소속으로 뛴다. 이러하듯이 기업의 사원들도 부서 소속으로 일할 때와 기업 이름으로 활동할 때가 있다. 소속감이란 정신적 책임의식을 주는 중요한 명분이다.

프로 선수는 국가 소속이 아니라 지역별, 기업별 소속 선수로 활동하지만 국가 대표가 될 때는 같은 프로 소속 선수와 상대적으로 게임을 해야 한다. 어디 소속이라는 것은 사명감과 책임감을 규정짓는 비전의 키(Key)와 같다.

장기적 비전 제시 – 단계적으로 주라

한 번에 성취하는 희망은 의미와 가치가 없다.

친선경기나 예선경기 등 모든 경기에서 한국 선수들이 우수한 성적을 올렸다면 오늘날 히딩크의 존재는 영웅이 될 수 없었다. 히딩크의 영웅적 우상은 단계적인 과정에서 만들어진 작품이다. 제로(Zero) 게임에서 시작된 한국 축구는 부담감이 없는 축구였다.

"한 골만 넣으면 된다."

16강보다 중요한 것은 한 골이었다. 한 골을 넣기 위해 선수들은 뭉쳤고 그들의 힘은 폴란드와의 첫 경기에서 2:0이라는 놀라운 결과를 만들었다. 첫 경기에서의 승리는 우리도 할 수 있다는 자신감을 만들었다.

16강에서 8강으로 8강에서 4강으로 단계적으로 상승한 한국팀은 누구도 상상할 수 없는 결승전까지 바라보게 되었다.

만일 첫 번부터 결승전을 위해 출전했다면 폴란드와의 경기에서 한 골도 넣지 못했을지도 모른다. 정신적인 강박감과 신체적인 취약감에서 창조적인 생각하는 축구를 할 수 없었을 것이다. 부담감이 적은 선수들은 최선을 다해 뛰었다.

한국 선수들은 4강의 신화를 만들었고 그것은 히딩크의 단계적인 비전제시에서 자신감을 축적시켰다. 히딩크는 예언을 하지 않았다. 다만, "세계가 놀랄 것이다."라고 암시적 제시만 했다.

프로다운 철저한 준비를 하라

누구를 프로라고 말하는가?

한 분야의 최고 전문가이면서 문제 해결사, 일을 직업으로 선택한 자, 일을 하면서 밤과 낮을 구별하지 않는 자, 맡겨진 일을 수단과 방법을 가리지 않고 해결하는 자, 누구의 눈치를 보지 않고 최고의 실력을 쌓는 자, 목표설정이 뚜렷하고 집념이 강한 자, 모험심이 강하고 도전적인 자, 포용력이 넓고 아량을 베푸는 자, 이해심이 있고 포괄적인 자, 독점욕이 강하면서 성취욕구가 강한 자, 약속을 이행하는 자, 과거보다는 미래를 준비하는 자, 현실에 만족하지 않고 끝없이 자기개발을 하는 자, 상상만 하지 않고 실천하는 자, 자기 감정을 다스릴 줄 아는 자, 인내력이 강하고 판단력이 빠른 자.

코끼리와 원숭이, 생쥐 중에서 누가 프로일까?

체력이 강한 코끼리일까, 발 빠른 생쥐일까, 꾀 많은 원숭이일까? 아마도 코끼리와 생쥐, 원숭이의 장점을 모두 합친 것이 프로일 것이다. 코끼리처럼 체력이 강하고 생쥐처럼 부지런히 빠르게 움직이고 원숭이같이 생각을 하는 것이다.

프로는 자신의 행동에 책임을 지는 자로서 결단력·집중력 등의 정신력이 남보다 앞서고, 한 분야에서 전문가로서 지속적으로 자기개발을 하여 상대를 즐겁게 해주는 자이다.

 # 프로의 준비 - 자기 관리를 하라

  자신의 신체적인 관리, 정신적인 관리를 잘해야 한다. 주변으로부터 조그만 실수나 오점을 남기지 않도록 도덕성을 유지해야 하고 남보다 선행적인 행동을 해야 한다. 프로로 인정받으면 한 번 얻은 인기를 유지하도록 인기 관리를 해야 한다.

  신문상에 보면 인기 연예인, 인기 프로 선수의 사생활이 조작되어 보도되는 경우가 많다. 이유는 많은 사람들의 인기를 얻고 있기 때문이고 신문사는 그들의 인기를 통하여 신문 판매 부수를 늘리기 위함이다. 어느 면에서는 프로는 언론과 공생공존한다고 볼 수 있다.

  MVP 선수가 되면 하루하루의 모든 생활이 기자들의 추적대상이 된다. 평상시 같으면 아무런 이야깃거리도 될 수 없는 것들이 기자들의 눈에는 대박사건으로 비화되는 경우가 많다. 기업은 기자들의 대박사건을 통하여 홍보전에 이용하고 판매고를 높이는 전략으로 활용한다.

  코끼리가 풀을 먹었다는 것은 기삿거리가 아니다. 코끼리가 풀에 붙어 있던 달팽이를 먹었다는 것이나 원숭이가 나무에서 떨어진 사건이 뉴스거리가 된다. 이러한 사건은 눈덩이처럼 커져서 있지도 않은 사건을 완벽하게 만들어 낸다.

안정환, 홍명보, 박지성 등의 골 세리모니는 국민들의 열광적인 반응을 일으켰다. 특히 안정환이 골을 넣고 취한 동작은 미국에서 열렸던 2002 솔트레이크 동계올림픽 쇼트트랙 경기에서 우승컵을 빼앗긴 김동성 선수를 연상시키는 모습으로 수많은 화제를 일으켰다.

프로에게는 관중을 위한 쇼맨십도 필요하다.

관중은 게임의 승리만을 원하지 않는다. 프로의 행동과 말에서 대리만족을 한다. 내가 할 수 없는 것을 해결하는 해결사로서 완벽한 해결을 원한다. 때로는 자신의 분신처럼 생각하고 동경한다.

월드컵이 만든 스타 중에는 이번 경기가 있기 전까지는 옆에 있어도 알아보는 사람이 없었고 알아준다고 해도 운동 선수 중의 한 명이라는 정도였던 선수들이 각 지역의 영웅이 되었다. 평소 같으면 모교를 찾아가도 왔느냐는 인사 정도만을 받다가 영웅의 손목이라도 잡아 보겠다는 적극적인 반응에 놀란 선수들도 많다.

프로는 한순간에 만들어지지 않지만 스타는 한순간에 만들어진다. 프로는 스타가 되기 전에 모든 준비를 해야 한다. 스타의 모든 명예는 한순간에 얻어지는 만큼 한순간에 사라지기 때문이다.

프로의 준비 - 준비성을 높여라

 실전에서 부족한 것이 발견되면 프로가 아니다. 보이는 것과 보이지 않는 것, 모두에 대한 준비성이 있어야 한다.

 히딩크 감독이 한국 선수에 대한 인상을 말하면서 순수성을 강조했다. 선수의 순수성이란 착하고 순진한 점을 지적한 것이 아니다. 감독의 지시에 적극적으로 움직인다는 것이고 하나를 가르치면 둘을 훈련을 한다는 것이다.

 프로의식이 강하면 감독의 지시대로 움직이지 않는다. 스스로 판단하여 필요하다고 인정될 때 스스로 만들어 간다. 유럽 선수들을 지칭하면서 히딩크 감독은 한국 선수들의 순수성을 강조한 것이다. 선수의 순수성이 완벽한 준비를 만들 수 있기 때문이다.

 프로들만의 기업집단이 발전하지 못하고 대기업이나 전문기관에서 획기적인 작품을 만들어 내지 못하는 이유는 몰라서 못 하는 것이 아니라 속담대로 사공이 많아서 배가 산으로 올라가기 때문이다.

 원숭이의 호기심은 프로의 궁금증이 아니다. 모르기 때문에 생긴 호기심이다. 원숭이의 호기심은 단순한 호기심이다. 그러므로 반복훈련을 시키는 훈련의 양에 따라서 원숭이의 묘기가 달라진다. 준비된 훈련이 없으면 진정한 프로도 없다.

프로의 준비 - 계획을 하라

자신의 스케줄이나 체력관리 등을 철저히 계획하고 진행시킨다. 규칙적인 생활, 정기적인 체력관리 체크, 규칙적인 식사와 적당한 에너지 섭취, 충분한 수면, 자기개발을 위한 철저한 준비 등은 계획에 의하여 준비되고 실행되어야 한다.

원숭이는 개미를 잡아먹을 때에도 준비를 한다. 개미가 어디서 나와서 어디로 들어가는지를 살펴보고 개미굴에 있는 개미를 잡아먹기 위한 작전을 세운다. 생각하는 원숭이는 가느다란 가지를 준비하고 가지가 입을 찌르지 않도록 다듬는다.

개미굴 옆에 앉아서 다듬은 가지를 가만히 집어넣으면서 굴 입구에 있는 개미부터 잡아먹기 시작한다. 굴이 깊어지면 가느다란 가지를 심하게 흔들기도 한다. 나뭇가지로 개미들을 공격하듯이 흔들어 개미들이 달라붙게 한 다음 나뭇가지에 붙은 개미를 잡아먹는다.

프로 원숭이의 작전은 이처럼 철저하게 준비되고 연습된 작전이다. 수많은 개미굴의 구멍 중에서 어느 구멍을 공격해야 하는가는 개미의 행동을 살펴보고 결정한다.

2. 체력훈련 5단계

체 력훈련의 5단계

① 패스훈련

② 포지션훈련

③ 웨이트훈련

④ 파워트레이닝훈련

⑤ 체력전술훈련

축구 발전의 원천은 선수의 발탁이다. 축구 선수는 10년 전에 이미 결정된다고 한다. 그 동안 한국 축구가 발전하지 못하고 제 자리를 맴돌았던 이유가 즉흥적인 선수의 기용에 있다.

　일본 축구의 발전은 유소년 축구의 양성에서 시작되었다. 일본은 10년 전부터 유소년 축구 양성에 집중투자 했다. 일본 「아사히신문」의 한국 축구 담당 나카코지 기자는 "일본 축구의 성장에 대해 한국인들이 잘못 짚고 있는 게 하나 있다. 그것은 일본 축구가 발전한 것이 어린 꿈나무들을 일찍부터 브라질이나 유럽에 유학시켜서 그런 줄 아는 것이다. 그러나 일본축구협회는 조직적으로 유망주를 해외에 보낸 일이 없다. 그 유명한 미우라 가즈도 개인적으로 고교를 중퇴하고 프로를 목표로 브라질로 간 것이다."라고 말했다. 또 "해외에서 공부한 젊은 감독들이 지금의 일본 축구를 만들어 낸 유능한 지도자들이다. 그들이 선진축구를 배우고 와서 그것을 아이들한테 고스란히 가르쳤던 것"이라고 했다.

원숭이가 개미를 잡아먹는 3가지 방법

원숭이는 단백질섭취를 위하여 개미를 잡아먹는다.
원숭이는 어떻게 개미를 잡아먹을까?

첫 번째, 개미집에서 기어다니는 것을 잡아먹는다.
눈에 보이는 개미를 잡아먹는 것은 쉬운 일이다.
기어다니는 개미를 모두 잡아먹으면 다음은 어떠한 행동을 할까?

두 번째, 성질이 급한 원숭이는 개미굴을 파헤쳐 개미를 잡아먹는다.
그러나 이런 원숭이는 부모 형제가 개미를 잡는 것도 보지 못했고
아무런 훈련을 받아 보지 못한 원숭이다.

세 번째, 부모 형제가 잡아먹는 모습을 보고 가느다란 나뭇가지를
이용하여 굴 속에 있는 개미를 쉽고 간단하게 몽땅 잡아먹는다.
개미는 공격형이라 외부에서 들어온 것에 대하여 강력하게 저항하는
습성이 있으므로 원숭이가 쑤시는 나뭇가지에 달라붙게 되는 것이다.

이것이 원숭이의 창의력이다. 생각하는 원숭이의 훈련결과이다.
도구를 이용할 줄 아는 원숭이는 보고들은 것을 그대로 행동으로
실천하는 멀티플레이어이다. 멀티플레이어는 공을 기다리지 않고
공을 쫓아 뛰고 공을 몰고 다니는 선수이다.

# 가능성 있는 선수를 찾아라

정몽준 대한축구협회장이 대표팀에 쏟은 정성의 상당 부분을 어린 꿈나무들에게 투자했다면, 지금쯤 한국 축구는 적어도 제자리에서 맴돌지는 않았을 것이다. 사실 잔디구장이나 축구전용구장보다도 더 급한 게 유소년 지도자를 양성하는 일이다. '눈 밝은 지도자'는 어딘가에 있을지도 모를 한국의 오언이나 펠레를 귀신같이 찾아낸다. 선수층이 두터워야 유능한 선수를 선발할 폭이 넓은 것이다.

히딩크의 업적은 히딩크에게 선수선발의 모든 재량권이 주어졌기 때문에 가능했다. 만일 히딩크도 과거의 감독들과 같이 훈련에만 책임을 맡기는 감독이었다면 그는 오지도 않았겠지만 지금의 4강이라는 신화도 만들지 못했을 것이다. 그는 자신의 훈련을 감당할 수 있는 선수를 직접 찾아 나섰다. 그는 무명의 송종국, 김남일 등을 발탁하였고 그들은 히딩크식 훈련을 통하여 거듭 태어나게 되었다.

물과 모래, 공기는 무한하지만 담을 그릇에 의하여 형태와 색깔과 향기가 만들어진다. 훈련이란 선수의 체력과 개인기에 의한 결정골을 넣는 힘을 만드는 과정이다. 감독에게 주어진 권리는 무한 권리이어야 한다. 제한된 권리를 주고 업적을 올리라는 주문은 이미 잘못된 계약이다.

# 훈련은 무형, 무색, 무취를 만들어내는 과정

히딩크는 훈련의 중요성을 이렇게 말했다.

"선수의 실력이 한 수 높거나 낮은 것은 중요하지 않다. 실력이 떨어지면 남보다 더한 노력으로 보충하면 되는 것이다."

히딩크의 훈련은 먼저 훈련을 받을 수 있는 자질을 갖춘 선수의 선발에 있었다. 히딩크는 한국의 고질병인 학연, 지연, 혈연으로 선발된 선수들만으로는 월드컵에서 1승도 할 수 없다고 판단했다.

선수에게 훈련은 앞서 지적하듯이 물과 모래, 공기의 자연적 요소와 같이 무형(無形), 무색(無色), 무취(無臭)의 무한성을 가진 선수들을 선발하여 형태와 색깔과 향기를 만들어 내는 과정이다.

무형이란 선수의 기본적인 체격조건과 기본기와 소질을 말하며, 무색이란 색이 가지고 있는 의미가 있듯이 선수들의 개인기와 차별화된 능력을 말하며, 무취란 선수의 독특한 능력으로 인내력·정신력을 통한 골의 결정능력을 말한다.

물은 담은 그릇에 의하여 형태가 만들어진다. 찌그러진 그릇에 담으면 찌그러진 모양이 되고 둥근 그릇에 담으면 둥근 모양이 되며 접시에 담으면 넓적해지고 대롱에 담으면 길쭉해진다. 선수의 선발은 어떠한 그릇의 형태를 가지고 있는가를 찾아내는 것이다. 선수의 기본적인 체격조건과 자세를 의미한다(TQ원리).

결정적 골인이 공간을 채우는 향기다

모든 꽃은 향기를 가지고 있다. 그 중에서도 장미의 향기를 아름답다고 한다. 그러나 장미는 날카로운 가시를 가지고 있으며 때로는 꽃은 아름답지만 향기가 없는 장미도 있다. 꽃집에 반드시 있어야 하는 것이 있다면 그것은 바로 가시를 훑어 내리는 도구이다. 날카로운 가시를 제거해야 아름다운 꽃다발을 자유롭게 만들 수 있다. 장미 한 송이의 향기가 온 공간을 채운다.

훈련의 결과를 만드는 경기에서 이기려면 결정적인 골을 넣어야 한다. 경기 내내 공을 많이 장악하고 있었지만 결정적인 골을 넣지 못하면 소용없다.

경기를 요령 있게 하는 팀과 미련하게 하는 팀이 있다. 경기장을 사방으로 열심히 뛰어다니면 관중의 인기를 끌지만 관중이 바라는 것은 열심히 뛰는 선수가 결정적인 골도 넣으라는 바람이다. 골이 들어가지 않는 경기에 관중은 시간이 흘러가면서 흥미를 잃어버린다.

훈련의 최종 목표는 선수 전원이 스트라이커가 되는 것이다. 선수 전원이 결정적인 슈팅력을 가지고 경기를 한다면 상대팀은 어려운 경기를 하게 되고 관중은 열광하게 된다. 훈련의 최종적인 목표가 그러한 선수들을 만들어 내기 위함이다.

패스 훈련

패스는 상대적인 동작이다. 어느 위치로 누구에게 공을 보내는 가하는 판단과 동시에 행동으로 연결되어야 한다.

이심전심(以心傳心)이라고 한다. 쌍둥이는 멀리 떨어져 있어도 서로를 이해한다고 한다. 초록은 동색(草綠同色)이라고도 한다. 같은 마음, 같은 색깔끼리 어울린다는 말이다. 공격할 때 공격 준비를 하고 수비할 때 수비 준비를 하는 것은 선수들의 사명감이다. 한 사람은 공격하려고 하는데 한 사람은 수비하려고 한다면 서로가 호흡이 맞을 수가 없다.

부장은 수비전략을 세우고 담당사원은 공격전략을 생각하고 있다면 그 기업이나 조직은 발전할 수가 없다. "배짱이 맞아야 한다."고 한다. 심지어 도둑질도 손발이 맞아야 한다고 한다.

패스를 주기 전에 서로가 대화를 하라고 한다. 패스연결이 잘 되지 않을 때는 서로 말을 주고받으며 패스를 하기 전에 서로의 위치를 말하고 패스를 해야 한다. 훈련과정에서 패스훈련은 어느 때 어느 위치로 패스를 할 것인가를 반복 연습하는 것이다.

가상의 공격, 가상의 수비에서 위치선정과 동작을 미리 호흡을 맞추어 가는 과정이 패스훈련이다. 긴 패스와 짧은 패스, 신속하고 정확한 패스는 반복을 통한 연습뿐이다.

패스 훈련 – 컨트롤이 좋아야 한다

패스를 잘하려면 공의 컨트롤이 좋아야 한다. 날아오는 공을 몸이나 머리와 가슴으로 차단시켜 자신의 발 위에 올려놓고 바로 차 낼 수 있는 것은 훈련의 결과물이다.

날아오는 공의 속도와 방향에 의하여 차단시킨 공이 퉁겨 나간다. 컨트롤은 공이 퉁겨 나가지 않고 자신의 몸에서 흐르도록 하는 기술이다.

컨트롤은 볼에 대한 자신감이 필요하다.

공에 대한 감각이다. 전문가란 직업적인 감각을 익힌 사람이다. 단순한 기술적인 것은 기능사일 뿐이다. 전문가는 자기분야에 대한 확고한 자신감을 가지고 있다. 축구 선수는 공에 대한 감각을 가지고 있어야 한다. 바람의 방향과 공기의 흐름을 이용하여 공을 어떻게 다루어야 하는가를 직감적으로 알아야 한다. 공의 감각을 알면 어떠한 공이 날아와도 컨트롤을 할 수 있다.

축구장에서 축구공을 가지고 묘기를 보이는 사람들은 공이 몸에서 떨어져 나가지 않도록 머리, 어깨, 다리, 발을 이용한다. 마치 공이 사람의 몸에 붙어 있는 것처럼 보인다. 공의 컨트롤에 대한 자신감뿐 아니라 공을 생명체로 생각하는 느낌의 차이가 있는 것이다. 공과 대화를 하는 자세이다.

패스 훈련 – 패스는 신속 정확해야 한다

원숭이들이 관광객을 공격하는 이유 중에 하나는 관광객이 주먹을 쥐고 있을 때라고 했다. 원숭이 눈에는 마치 먹을 것을 쥐고 있는 것처럼 보이기 때문이다. 들판이나 집에서도 파리나 모기를 잡을 때 끈끈이에 먹거리를 붙여 놓고 잡는다.

경기장에서 공을 오래 가지고 있으면 상대 선수들이 벌떼처럼 몰려온다. 한국 선수들이 압박수비를 펼친 대상도 공을 가지고 있는 사람이었다. 럭비, 농구, 축구 모두가 공을 가진 선수를 집중적으로 공격한다. 공격에서 피하려면 신속하게 공을 패스해야 한다.

패스미스는 팀원간에 호흡이 맞지 않았거나 훈련 부족에서 오는 팀워크 부족이다. 멀리 뛰어가는 선수에게 짧은 패스를 한다거나 짧은 거리에 있는 선수에게 길게 패스하는 것은 패스의 실패이다.

축구는 팀원이 함께 골을 만든다고 했다. 정확하고 신속한 패스만이 속공도 할 수 있으며 정확한 어시스트가 있어야 골을 넣는다. 그러므로 축구에서 스타는 스트라이커만이 아니라 신속 정확한 패스의 어시스트도 있다. 일류기업은 스트라이커와 어시스트, 전 사원의 업무 조화가 되는 기업이다.

패스 훈련 – 패스는 팀워크가 필요하다

세 명의 친구가 한 친구를 가리키며 "너는 미련한 곰이야."라고 이구동성으로 말했다. 똑똑하고 부지런하던 친구는 갑자기 자신이 미련한 곰으로 생각되었다. 그후부터 그는 게으르고 미련스런 사람으로 변해갔다.

무인도에 떨어진 세 명의 친구가 무인도에서 살아남기 위해 서로의 역할을 나누기로 했다. 키가 큰 사람은 사방을 살피면서 높은 나무에 달린 열매를 따기로 했고 힘센 사람은 주변에 나무를 모아 집을 짓기로 했다. 나머지 한 명은 힘도 약해 보였고 키도 작은 편이라 무엇을 할까 망설이고 있었다. 키 큰 친구가 말했다. "너는 키가 작은 대신 발이 빠르잖아." 키 작은 친구는 세 명 중에 가장 빨리 달렸다. 발빠른 친구는 무인도를 살피고 오는 연락병이 되었다.

키 큰 친구는 먹거리를 만들었고 힘센 친구가 집을 지었지만 가장 소중한 것은 물이었다. 발빠른 친구는 무인도를 돌아다니다 물을 발견한 것이다. 키도 작고 힘도 없어 항상 따돌림과 심부름만 했던 키 작은 친구는 그들의 영웅이 되었다.

전자의 예처럼 세 사람이 한 사람을 바보로 만들 수도 있고, 후자의 예처럼 영웅을 만들 수도 있다. 패스는 혼자 하는 것이 아니라 팀원이 함께 하는 것이며 함께 사는 방법이다.

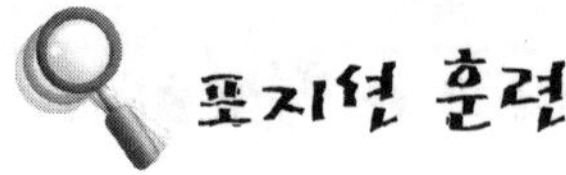

위치를 잡는 것은 팀의 해결사 역할을 하는 것과 같다.

망망 대해에서 고기를 잡는 어부들에게는 어족 탐사기가 있다. 어느 곳에 고기들이 있는지를 알려주는 탐지기이다. 그러나 탐지기에 나타난 곳에서 고기를 잡지 못하는 경우도 많다. 고기는 멈추어 있지를 않고 계속하여 이동한다. 어느 쪽으로 이동할지 이동할 방향까지를 탐지기는 알아 내지 못한다.

축구공은 멈추어 있지 않다. 어느 선수가 공을 잡아 어느 곳으로 패스를 할지 모른다. 경기가 잘 풀린다는 말을 한다. 이 말은 상대팀이 어느 곳으로 이동할지, 공이 어느 곳으로 갈지를 미리 알고 중간에서 차단하는 기회가 자주 생길 때 하는 말이다. 평소에 보지 못하고 느끼지 못한 공의 감각을 느끼는 날을 컨디션이 좋은 날이라고 한다.

위치를 미리 알고 차단하는 것은 그날의 운이 아니다. 평소에 훈련을 얼마나 했는가에 따라서 나타나는 결과이다. 노력하지도 않았고 훈련하지도 않았는데 운이 좋아서 골을 넣는 경우는 없다. 축구는 1명이 하는 것이 아니라 11명이 하는 경기이다. 운을 바라기에는 너무 많은 사람들이 골문을 지키고 있기 때문에 골키퍼가 놓친 공을 수비수가 막아내거나 차내는 경우가 종종 있다. 수비수의 위치감각이다.

장님이 코끼리를 만져보는 이야기를 했다. 장님들은 서로 다른 위치에서 코끼리를 만져본 소감을 말했다. 그들의 답은 모두가 옳았다. 그러나 코끼리 전체를 눈으로 본 사람은 그런 말을 하지 않는다. 코끼리 전체를 밖에서 보는 사람이 감독이고 경기장 안에서 보는 사람이 주장이다.

선수는 코끼리 전체의 몸을 보아야 한다. 코나 다리, 꼬리나 상아, 등이나 배만을 만지는 꼴이 되면 게임에 진다. 코끼리다리가 굵은 이유는 거대한 몸집을 버티고 서서 다녀야 하기 때문이다. 선수는 코끼리 몸의 구조를 잘 알아야 하듯이 전체적인 균형을 위한 조절감각이 있어야 한다. 팀원이 어느 위치에 있는지를 항상 살피고 팀원이 있는 곳으로 공을 주거나 팀원이 가지고 있는 공이 자신에게 오도록 위치를 알려야 한다.

위치 훈련은 이처럼 경기를 진행하면서 각자의 위치를 말하기 전에 약속된 위치에 가도록 서로간에 약속을 하는 것이다. 감독은 상대팀의 위치에 따라서 작전을 수시로 바꾸면서 주장에게 지시하고 주장은 훈련했던 방식에 따라서 감독지시를 전달한다.

팀의 포지션 훈련은 물이 물길 따라 흐르듯이 공 길을 만드는 것이다. 감독은 비가 오는데 어느 곳에 얼마의 비가 오는 지를 보고 어느 쪽으로 물을 흘려보내야 하는가의 작전을 짜서 선수들에게 지시를 하는 것이다.

# 포지션 훈련 - 포지션에 따라 선수를 바꾼다

축구에서는 전후반 세 명의 선수를 바꾼다. 용병술이란 선수교체를 통한 작전을 말하기도 한다. 4-4-2 전술이냐, 4-3-3 전술이냐, 아니면 4-2-4 전술인가, 아니면 3-4-3 전술인가에 따라서 공격전술과 수비전술로 나누어지며 때론 기본 전술과 전혀 독특한 전술로 공격형 전술을 짠다.

전술은 상대의 전술에 따라서 변형한다. 세 명의 선수교체는 선수의 부상이나 작전의 변경에 의하여 교체된다. 포지션을 바꾸는 지시는 감독이 주장에게 지시하지만 전격적인 작전은 선수교체를 통하여 선수의 위치를 변경함으로써 전개된다.

물이 담긴 그릇을 놓을 때 놓는 위치가 나쁘면 물은 그릇에서 쏟아진다. 가끔 식탁에 열심히 만든 요리를 내려놓다가 엎지르는 경우가 있다. 포지션의 결정은 다양한 그릇에 물을 담는 방법과 같다. 선수의 위치 결정이 잘못되면 상대에게 작전이 노출되어 담긴 물을 쏟는 것처럼 경기에서 패하게 된다.

월드컵 경기에서 보았듯이 개인기나 체력이 월등하다 할지라도 강력한 수비 앞에서는 개인기나 체력이 제대로 역할을 하지 못한다. 확실하고 정확한 위치의 설정은 경기의 흐름을 이끌고 경기의 결과를 만드는 요인이다.

수비보다는 공격에 비중을 두는 3-4-3 시스템을 주전형으로 굳힌 히딩크 감독은 박지성이 그 동안 중앙 미드필드에서 뛰느라 '숨겨뒀던' 돌파력과 수비가담능력을 동시에 살릴 수 있도록 오른쪽 날개 자리에 기회를 줬고 결과는 대성공이었다.

골드컵 때 아킬레스건을 다쳐 슬럼프에 빠진 박지성은 대표팀의 체제가 정비되던 유럽전지훈련 때 졸지에 자기 포지션을 잃은 신세가 됐고 당시의 세 차례 평가전 중에서 마지막 터키전 후반 19분에 교체 투입된 것이 전부였던 입장이었다.

그 당시 주전공이던 수비형 미드필더 자리에는 김남일(전남)이 확고한 위치를 굳히고 있었고 부전공이던 공격형 미드필더 자리에는 자신에게 부족한 힘을 갖춘 윤정환(오사카)이 급부상했기 때문에 박지성이 설 자리가 없었다. 이때 히딩크 감독이 박지성에게 오른쪽 윙 포워드의 포지션을 맡긴 것이 피구가 버틴 '거함' 포르투갈을 침몰시키는 원동력이 되었다.

위치를 잘 잡아서 골을 넣는 경우도 있다. 이탈리아전에서 후반 종료 2분을 남기고 극적으로 터진 설기현의 동점골은 사실 행운이 따랐다. 회전이 많이 먹었던 볼이 상대 수비의 허벅지와 손을 맞은 뒤 달려들던 설기현의 왼발에 절묘하게 맞아 떨어졌다. 경기 종료 직전까지 볼을 향해 돌진하며 지칠 줄 모르는 체력과 근성이 없었더라면 동점골은 불가능했다.

코너킥의 공이 날아오는 순간 혼전하는 문전 한쪽에 서 있다가 날아온 공이 몸을 맞고 골인이 되는 경우도 있다. 골문에서 혼전을 하던 중 골대를 맞고 나온 공이 돌아서는 선수의 몸에 맞고 골인이 되는 경우도 있다. 골인의 행운은 골문에 가까이 있을 때 얻는다. 부지런히 움직이는 선수가 골문에 다가간다. 축구에서 오는 행운은 부지런히 움직일 때 생긴다. 많이 움직이는 공격 선수가 골인의 기회를 얻는 것이다.

수비수의 위치가 잘못되어 자살골을 당하는 경우도 있다. 골대의 골키퍼는 한 사람이다. 골키퍼가 골을 막다가 실수를 해도 골은 들어간다. 자살골은 상대 선수가 아니라 자기 선수에 의해서 골이 들어가는 경우이다. 수비수의 위치가 잘못되어 들어가는 자살골은 연습부족이고 정신력의 부족이다.

팀의 스트라이커는 위치설정을 잘하는 선수이고, 골도 잘 넣지만 자살골을 당하지 않는다. 공격할 위치와 수비할 위치를 정확하게 판단하는 능력을 가졌기 때문이다. 스트라이커의 위치감각은 훈련과 경험, 감각적인 훈련으로 만들어진다.

🔍 웨이트 훈련

웨이트훈련은 선수의 몸 만들기 훈련이다.

서킷 웨이트 트레이닝은 1963년 영국에서 발전되었으며 근력, 근지구력, 파워, 스피드, 유연성과 심장혈관 지구력의 발달을 위한 다목적 트레이닝의 형태로 고안되었다. 그 후 웨이트 트레이닝이라고 부르며, 오늘날 일반인들이 레저용어로 헬스라고 부르고 있다. 서킷 웨이트 트레이닝의 효과는 주로 근력, 근지구력, 파워 향상에 있지만 스트레칭은 준비운동과 정리운동시 실시하면 유연성이 향상된다. 운동 선수들의 체력향상을 위한 훈련과정이다.

훈련의 4대 원칙

① 과부하 원칙 : 현 시점의 체력 이상의 운동을 한다.

② 점진성 원칙 : 운동량을 서서히 증가해 간다.

③ 계속성 원칙 : 운동은 일정한 빈도로 계속해야 비로소 효과를 기대할 수 있다.

④ 개별성 원칙 : 운동 효과를 올리기 위해서 각자에게 맞는 프로그램이 필요하다.

부담을 주는 훈련과 부담을 덜어주는 훈련으로 구별한다면 웨이트훈련은 부담을 덜어주면서 선수로서의 몸을 만들어 내는 훈련으로 각자에게 약한 부위를 단련시킨다.

# 웨이트 훈련 - 준비운동

스트레칭은 조깅 5분, 벤치 프레스 → 바벨 컬 → 라잉 드라이 → 세스 익스텐션 → 레그 프레스 → 시티드 프레스 → 래트 풀다운 → 시트 업 → 자전거 타기 등 각 운동 종목별로 30초 운동을 하고, 운동 종목 사이에는 30초 휴식을 취한다. 2~3번 순환을 한다. 일주일에 3~4일 훈련하는 것이 좋다.

웨이트훈련은 선수에 따라서 다르다. 부분별 훈련이든 집중적 훈련이든 선수에게 무리가 가지 않게 코스에 따라 가볍게 반복훈련 한다.

강한 체력은 균형 잡힌 몸에서 나온다. 90~120분을 뛰는 체력은 순간적인 힘이 아니라 균형 잡힌 몸 전체의 힘에서 나오는 지구력이다.

단단한 나무는 부러지지만 가느다란 버드나무 가지는 휘어질 뿐이다. 웨이트훈련은 가벼운 운동으로 균형 잡힌 유연한 몸을 만드는 과정이다. 마치 본경기를 준비하는 가벼운 몸풀기 운동과 같다.

# 웨이트 훈련 – 최적의 건강을 유지시킨다

강한 육체는 건강한 정신에서 나온다. 운동 선수들의 정정당당한 정면 승부욕이 선수의 생명과도 같은 이유이다. 고통을 피해가는 선수, 요령에 능한 선수, 반칙을 위한 반칙을 하는 선수, 패배를 인정하지 않는 선수, 지속적인 노력을 하지 않는 선수 이러한 선수들은 세계 최고의 선수들의 모습이 아니다. 최고의 선수는 체력만 강한 선수가 아니라 정신력이 강한 선수이며 지속적으로 자기의 몸 관리를 위해 노력하는 선수이다.

웨이트훈련의 목적은 지속적으로 균형 잡힌 몸을 만들고 강인하고 건전한 스포츠맨의 정신력을 만드는 것이다.

건강은 지속적인 관리가 필요하다. 무리한 운동은 건강을 해칠 수도 있다. 웨이트훈련은 지속적인 훈련으로 항상 준비하는 선수, 항상 준비하는 사원을 만드는 훈련과정이다.

원숭이는 먹이를 숨겨 놓는 습관이 있다고 했나. 그러나 숨겨 놓은 먹이는 오래 가지 못한다. 주변 원숭이들이 숨겨 놓은 먹이를 찾아내는 데는 오랜 시간이 걸리지 않는다. 곰처럼 먹이를 몸속에 축적하여 긴 겨울잠을 자는 경우 곰은 겨울 동안 활동을 안한다. 활동이 없으면 살아 있다고 할 수 없다. 발전하는 기업은 웨이트훈련으로 지속적인 관리를 해야 한다. 기업이나 선수는 멈추면 끝장이다. 기업은 지속적으로 사원교육을 실시해야 한다.

# 웨이트 훈련 - 거북이처럼 기어라

토끼와 거북이 우화에서 재주 많고 발빠른 토끼가 그다지 재주도 없고 못생기고 행동도 느린 거북이에게 졌다. 이유는 자만과 잠꾸러기 토끼의 습성 때문이다.

"늦게 된 자가 먼저 된다."는 말이 있다.

이 말은 늦게 할수록 좋다는 말이 아니라 늦게까지 지속적으로 노력하라는 의미이다.

"첫술에 배부르랴."는 말도 많이 먹으라는 말이 아니라 꾸준히 노력하라는 의미이다.

자신의 개인기나 화려한 경력으로 경기를 하던 프랑스의 지단, 폴란드의 카우지니, 올리사데베, 포르투갈의 핀투 등 세계적인 스타들이 눈물을 흘리며 16강전에서 돌아갔다.

기업의 명성이나 전통만으로 세계시장을 지배하지 못한다. 토끼처럼 그들의 자만과 잠자는 습관을 버리지 못하면 언제 무너질지 모른다. 기업이 흘리는 눈물은 거대한 강물과 같다.

선수는 끊임없이 웨이트훈련을 통하여 몸 관리를 해야 한다. 선수가 자신에게 적합한 훈련코스를 정하듯이 기업도 기업의 웨이트훈련코스를 선택하여 지속적으로 기업관리를 해야 살아 남을 수 있다. 박지성과 같은 비장의 선수는 항상 대기하고 있다.

 ## 웨이트 훈련 - 기업마다 훈련이 다르다

초일류 기업이나 국가는 항상 앞서가는 전략을 추구하고 있다.

대기업은 한 개 사업만을 목표로 전략을 세울 수 없다. 그러므로 분야별, 아이템별로 팀을 구성한다. 조직력이다. 조직은 몸에서 근육과 같다. 잘 발달된 근육을 보면 보는 사람도 즐겁고 나도 만들고 싶다는 욕구를 갖게 된다.

이러한 근육을 만드는 훈련이 웨이트훈련이다. 기업의 근육을 만드는 웨이트훈련은 어떠한 훈련일까 ?

운동 선수는 운동 분야에 따라서 특별히 발달시키는 근육이 있다. 보디빌딩 선수는 전체적인 근육을 크게 발달시키지만 육상 선수는 큰 근육보다는 단단한 근육을 만든다. 보디빌딩 선수처럼 지나치게 근육이 크면 달리는데 스피드가 떨어지기 때문이다. 기업의 근육은 어떤 근육을 발달시켜야 할까?

웨이트훈련은 총체적인 훈련이다. 보디빌딩 선수나 육상 선수나 축구 선수나 모두가 기초적인 과정부터 훈련한다. 다만, 무거운 훈련인가, 가벼운 훈련인가, 중간무게의 훈련인가에 의하여 근육의 크기가 달라진다.

웨이트훈련의 4가지 원칙은 적합한 훈련이라는 점이다. K기업의 성공사례가 반드시 S기업에서도 성공하는 것이 아니다.

웨이트 훈련 – 기업의 체질을 키워라

실패기업의 패인은 비만이거나 허약한 체질 때문이다.
선수마다 체격조건이 다르다. 일반적으로 훈련은 집단이 공통으로 하나의 훈련과정을 반복한다. 그러나 웨이트훈련은 일률적인 집단 훈련방식이 아니라 개개인 체격에 적합한 운동방식을 선택하는 것이다.

대기업이 부도가 나거나 잘 나가던 벤처기업이 망하는 신문기사를 본다. 그들은 자신의 체격으로 버텨내지 못하는 경영으로 실패를 한 경우가 대부분이다. 무리한 사업 확장, 신기술·신상품 경쟁에서의 패배, 창조적 사원영입의 실패, 현실안일주의 사원의 팽배 등이 그 원인이다.

욕심을 가지고 자신의 체격에 맞지 않는 훈련을 하다가 선수생활을 끝내는 경우도 많다. 상대적으로 왜소한 체격을 키우기 위해 무리한 운동, 무리한 훈련을 하는 것은 독약을 먹는 행위와 같다. 체격의 크기가 승리하는 조건이 아니다.

기업의 체격이나 체질에 적합한 운동을 선택해야 한다. 웨이트훈련은 지속적인 능력을 키우는 과정으로 점진적인 발전과 지속적인 선수생활을 유지시키는 몸의 허리와 같은 훈련과정이다.

웨이트 훈련 – 기업에 알맞은 훈련을 만들어라

이제는 기업의 교육도 변해야 산다.

지금까지 기업의 교육은 명분교육, 복제교육으로 일관하고 있다. 신입사원은 반드시 신입 교육과정을 거쳐야 한다. 공무원이나 교육자들이 연수과정을 거쳐야 진급하는 것과 같다. 교육에서 무엇을 얻는지 평가하지 않고 일정한 교육과정을 이수해야만 한다. 이를테면 필수과정이고 명분과정이다.

그러나 프로 선수에게는 필수과정이 없고 선택과정뿐이다.

스스로가 자기개발을 위하여 자신의 체질에 적합한 과정을 찾아내어 변신훈련을 한다. 이것을 아이디어라고 말한다.

한국은 어느 기업에서 또는 어느 국가에서 유행하는 교육이라면 무조건 복제를 해서 교육한다. 외국 교육이라면 한국 기업은 무조건 도입해서 시간 낭비, 돈 낭비를 하고 있다. K기업에서 6시그마로 성공을 했다고 해서 국내 모든 기업이 6시그마를 실시하고 있으나 교육담당자들은 한국의 실정에 맞지 않아 실패작이라고 말하고 있다. 한국에 적합한 6시그마가 필요하다.

기업은 노력하지 않고 쉽게 모방하여 쉽게 돈을 벌려는 생각을 한다. 각자의 체격과 체질이 다른데 하나같이 풀빵 만들 듯이 쉽게 해결하려 하고 상대를 비방하고 비평하며 자신의 결점을 감추려고 한다. 프로 선수(일류기업)는 웨이트훈련으로 거듭나는 선수(기업)이다.

나무에서 떨어진 원숭이

원숭이는 나무에서는 어느 동물도 쫓아오지 못할 정도로

빠르고 날렵하게 움직인다. 나무에서 묘기를 잘 부리고

마치 나무에 붙어 살아가는 것 같은 원숭이도 나무에서 떨어지는 때가 있다.

치타가 열심히 뛰어가 노루를 사냥했다.

그를 지켜보던 배고픈 개코원숭이가 치타가 잡은 노루를 빼앗으려고

이리저리 치타를 유인해 보았으나 굶주린 치타의 먹이를

빼앗을 방법이 없었다.

개코원숭이는 하는 수 없이 동료들을 불렀다.

개코원숭이들은 강한 이빨을 드러내며 한 무리는 치타를 유인하고

한 무리는 치타가 잡아놓은 노루를 빼앗아 나무로 올라갔다.

뒤늦게 치타도 원숭이를 쫓아 나무로 기어올라갔다.

점점 다가오는 치타를 피해 높이 올라갈수록 나뭇가지는 가늘어져 갔다.

휘청이는 나뭇가지를 한 손으로 잡고 다른 손으로 늘어진

노루를 잡아당겼지만 원숭이의 힘은 점점 빠져나갔다.

치타를 피하던 원숭이는 노루를 놓쳤다.

치타는 떨어진 노루를 쫓아 밑으로 내려갔다.

가느다란 나뭇가지에 매달렸던 원숭이도 힘이 빠져

나무 아래로 떨어지고 말았다.

힘이 강한 치타는 노루와 함께 원숭이도 잡는 행운을 얻었다.

파워 트레이닝 – 전후반을 뛰어라

　히딩크 감독은 파워트레이닝 프로그램 설명회에서 "체계적인 체력강화로 폴란드 · 미국 · 포르투갈전 후반에 승부수를 띄우겠다."고 했다. 히딩크 감독은 네덜란드 대표팀 감독으로 있던 1998 프랑스월드컵에서도 한국전(5:0 승), 유고전(2:1 승), 아르헨티나전(2:1 승), 브라질전(1:1)에서 올린 대부분의 득점이 상대의 피로가 누적된 후반에 집중됐다는 것을 예로 들었다.

　히딩크는 폴란드를 이기고 난 뒤 이렇게 말했다.
"파워트레이닝 프로그램의 진면목은 지금부터다."

　폴란드전 승리를 거둔 히딩크 감독은 "90분간 시종 지치지 않는 플레이가 승리를 이끌었다."며 "파워트레이닝 프로그램 효과가 이제야 나타나기 시작했다."고 평가했다.

　히딩크 감독은 후반 막판 20분을 예로 들며 "폴란드 선수들은 완전히 지친 반면 한국 선수들은 전반 초반의 플레이를 지속했고 결국 승리할 수 있었다."라고 파워트레이닝 훈련의 가치를 증명했다.

 # 파워 트레이닝 – 과학적 신체검사

김용대는 히딩크 감독이 부임한 후 신체조건과 기량 등 모든 면에서 가장 성장 가능성이 높다고 칭찬을 받았으나 선수명단에서 제외되었다.

2001년 12월 서귀포에서 미국전을 마친 뒤 해산을 할 때 히딩크 감독은 선수 개개인에게 과제를 내줬다. '파워프로그램'을 통해 개인별로 문제가 됐던 부분을 보강하기 위한 과제를 김용대는 전혀 하지 않고 다음해 1월 재소집에 응했다.

히딩크 감독은 "게으르면 프로가 아니다."며 후발주자인 최은성을 월드컵 최종 엔트리에 포함시켰다.

오만 전지훈련 중 네덜란드에서 피지컬 트레이너가 합류하면서 선수들의 체력과 부위별 장단점을 면밀히 체크했다. 그 결과 이영표와 김태영은 발목, 송종국은 허리, 고종수는 발목과 무릎이 약해 집중적인 보강훈련이 필요하다는 진단이 나왔다. 이 진단을 근거로 웨이트장에서 선수별로 따로 강화훈련을 시키고 과제를 내주기도 했다.

골키퍼는 강한 공격수와 이기려면 힘이 강해야 하므로 강력한 체력훈련을 받았다. 이런 과학적인 체크에 의한 선수 훈련으로 월드컵 경기에서 큰 무리 없이 성공적인 결과를 얻을 수가 있었다. 파워트레이닝은 사전예방적인 과학적 훈련방법이었다.

파워트레이닝 - 강력한 힘을 키운다

파워트레이닝은 강력한 체력과 힘을 키우는 훈련이다. 힘이 없는 팀, 힘이 없는 기업은 경쟁력이 없다. 경쟁에서 살아남는 힘은 강력한 체력에서 나오는 적극적인 행동이다.

히딩크 감독이 폴란드와의 경기 후 소감을 말했다. "그 동안 강조해온 '경기를 지배한 뒤(dominate) 끝장낸다(kill)'는 축구철학이 가장 잘 맞아 떨어졌다." 강력한 체력으로 전후반전 경기를 끌어간 팀에 대한 자신감이었다.

히딩크 감독은 "선제 골을 넣은 뒤 느슨한 플레이보다 오늘처럼 골을 넣기 위해 90분 동안 경기 속도를 늦추지 않고 결국 2골을 몰아친 경기내용에 만족한다."고 평가했다.

황선홍이 첫 골을 넣을 수 있었던 것은 어시스트를 해준 이을용의 폴란드 수비수 2명을 따돌릴 수 있는 체력 우위 때문이었다.

기업의 경쟁력은 무엇인가? 신상품, 신기술, 신경영전략을 위한 창조력이 있는 사원의 육성이다. 건강한 체력에서 창조적인 생각이 나온다. 사원 건강은 강력한 기업의 경쟁력이다.

교육은 정보교육과 체력교육이 병행되어야 한다. 과학적인 체크에 의한 철저한 체력훈련은 개개인의 능력을 향상시키고 기업의 경쟁력을 키우는 역할을 한다. 기업은 사원들에게 무조건 강요할 것이 아니라 파워트레이닝을 통한 경쟁력을 요구해야 한다.

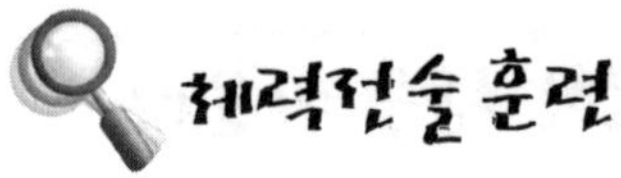

파워트레이닝 훈련을 통한 전술훈련이다. 일명 3.3게임, 기구 없이 한 발로 하는 체력훈련, 20m 왕복 달리기 훈련 등의 강한 체력을 바탕으로 가상의 전술을 훈련한다.

체력이 강하지 않으면 전술도 없다. 체력보강훈련은 기구를 이용한 훈련과 기구 없이 맨몸으로 하는 훈련이 있다.

기구 없이 맨몸으로 하는 훈련은 지구력과 인내력을 강화시키고 기구를 이용한 훈련은 체력을 보강시킨다.

한 발로 서서 균형감각을 익히고 오래 견디는 인내력과 유연성을 훈련한다. 달리는 선수에게 균형감각과 유연성은 체력소모를 줄이고 공격이나 수비 중에 발생하는 사고를 예방할 수도 있다. 실전에서는 예기치 않는 도발 사건이 발생하기 때문에 균형감각과 유연성으로 신체를 보호하여 지속적인 게임에 참여할 수 있는 체력을 키워야 한다.

20m 왕복훈련은 짧은 거리이므로 심적 부담이 적은 훈련이지만 왕복 횟수에 따라서 훈련의 효과가 다르다. 짧은 거리에서 스피드를 높이고 반복되는 횟수에서 순발력과 인내력, 호흡 조절능력과 신체 조절능력을 강화시킨다.

# 체력전술 훈련 - 기업형 파워트레이닝 훈련

기업 교육에서 파워트레이닝에 의한 정신력 훈련은 교육을 통해 인내력과 대인관계 처세술, 정신력에 의한 창조성 등을 실전으로 훈련한다.

히딩크 감독은 지금까지의 선수훈련방법을 바꾸면서 강력한 팀을 만들었다. 지금의 기업교육시스템에서 파워트레이닝은 효과를 얻기 어렵다.

먼저 형식적인 교육 평가로 교육에 대한 실적을 보고하려는 교육제도를 바꾸어야 기업형 파워트레이닝이 성공한다.

교육을 통해 무엇을 얻었고 무엇이 필요한가라는 실질적인 교육의 효과를 평가해야 한다. 기업 교육 후 교육생에게 가장 인기가 있었던 교육을 평가하는 것은 당연히 부담 있는 교육보다 흥미 위주의 교육적 가치가 떨어지는 강사를 최고의 강사로 기록하기 마련이다.

사원들은 필요 이상의 교육에 지쳐 있다. 선수에게 훈련은 필수적이다. 그러나 훈련방법 때문에 선수생활을 포기해야 하는 경우도 많이 발생한다. 잘못된 훈련으로 좋은 선수를 선발하지 못하거나 중도에 탈락시키는 경우도 많다. 히딩크 감독은 가장 효과적인 훈련방법으로 선수를 훈련시킨 감독이다.

체력전술 훈련 – 기업형 파워 트레이닝

건강하지 못하면 건전한 생각을 할 수 없다. 마음의 여유가 없는 경우에 자신의 능력을 발휘하지 못하는 경우를 보았다. 강한 체력으로 훈련시키는 것은 창조적인 인재를 양성하기 위한 파워 트레이닝의 체력훈련과정이다.

정기적인 신체검사와 과학적인 신체관리를 통하여 정신교육을 한다. 각자의 소질과 능력을 평가하여 가능성을 수립하여 업무를 추진시킨다.

기업형 파워트레이닝 훈련과정
① 건강을 체크한다.
② 업무형 웨이트훈련을 한다(개인별 훈련 체크리스트).
③ 업무에 적합한 체격으로 키운다(업무적 파워훈련).
④ 실전에 대한 전술훈련을 한다(가상적 전술훈련).

기업 교육의 극대화는 사원의 체력강화에 있으며 강한 체력에 적합한 부서를 선정하여 업무에 적합한 웨이트훈련을 통하여 파워트레이닝을 실시한다. 체력이 떨어지면 만사를 포기하게 된다. 끈기와 인내는 강한 체력에서 나온다. 긍정적이고 적극적인 사원으로 키우는 방법이다.

# 체력전술 훈련 – 멀티 플레이어

눈먼 사원교육에서 탈피하려면 멀티플레이어를 만들어라.

히딩크는 선수들에게 멀티플레이어가 되라고 했다. 자신의 포지션을 지키되 공격과 수비를 겸할 수 있는 멀티플레이어가 되지 못하면 개인기와 체력에 앞서가는 유럽 선수들의 발을 묶어 놓을 방법이 없다고 판단했다.

일류기업의 사원은 멀티플레이어가 되어야 한다. 다양한 업무를 익히는 것, 현장경험을 익히는 것, 다양한 정보를 제공하는 것, 생산에서 영업, 공급에서 판매에 이르는 모든 부분을 습득시키는 훈련이다.

영업사원이 생산방법이나 유동체계를 모르면 진정한 영업사원이 아니며, 기획사원이 상품의 질과 특성, 소비자의 기호와 판매자의 고충을 알지 못하면 획기적인 아이디어의 기획력을 창출하지 못한다. 또한 관리직원이 신속 정확한 업무 및 조직관리를 하려면 총체적인 기업의 흐름을 이해해야 한다. 그렇지 않으면 장님이 코끼리를 만지고 말하는 것과 같다.

상대의 업무와 인간관계를 이해하는 것, 휴먼커뮤니케이션과정은 멀티플레이어를 만드는 교육과정이다. 상대란 대인관계만이 아니라 상품이 될 수도 있고 거래처, 상점, 기업이 될 수도 있다.

체력전술 훈련 – 멀티플레이 휴먼커뮤니케이션

신기술, 신상품, 신경영전략은 휴먼커뮤니케이션에서 나온다.

사람만이 의사소통을 하는 것이 아니다. 축구 선수는 공과 의사소통을 하고 컴퓨터 프로그램개발자는 컴퓨터와 대화한다.

말없이 서 있는 나무, 돌, 심지어 항상 밟고 다니는 흙까지도 대화를 나눌 수 있다. 모든 상대적 조건을 살아 있는 인간으로 생각하고 인간끼리 대화하듯이 서로를 이해하는 교육이 휴먼커뮤니케이션의 멀티플레이 교육이다.

감정을 가진 대화, 훈련을 쉽고 재미있게 하는 방법은 훈련하는 도구와 대화하는 방법이다. 다른 사람이 보면 마치 미친 사람처럼 보인다. 미쳤다는 소리를 들을 때가 전문가이다.

휴먼커뮤니케이션교육의 비결은 미친 사람을 만드는 것이다.

신들린 무당처럼 초인적인 힘을 발휘해야 한다. 월드컵 경기에서 11명의 선수들은 신들린 무당처럼 경기장을 뛰었다. 전 국민을 흥분하게 만든 것은 평소에 볼 수 없었던 적극적인 수비와 공격의 모습이었다. 맥빠진 경기만을 보다가 신들린 무당처럼 경기장을 뛰는 선수들을 보며 그들의 행동에 깊이 빠져 들어갔던 것이다.

체력전술 훈련-미친 사원, 미친 선수 멀티플레이

미치지 않고 이기는 경기도 없다.

유능한 영업사원은 얼굴에 철판 깔았다는 평을 듣는 사람이고, 세계적인 발명가는 일에 미쳐 처자식을 버린 사람이다. 평범하고 안일하게 생각하고 행동하는 사람은 성공할 수 없다.

성공적인 기업교육은 미친 사원을 만드는 교육이어야 한다.

공산주의, 히틀러 등이 강력한 통치를 하는 것은 세뇌교육을 통하여 정신적인 신봉자, 미친 사람으로 만들었기 때문이다. 세계적인 인물은 각자의 일에 미친 사람들이다. 베토벤은 음악에 미쳤고 레오나르도 다빈치는 그림에 미쳤고 펠레는 축구에 미친 사람들이다. 그러므로 전문가란 미친 사람이다.

미친 영웅을 만든다.

월드컵을 통해서 무명의 선수들이 영웅이 되었다. 그들은 축구에 미친 사람들이었기에 국민의 영웅이 되었다. 축구를 흥미나 재미로 하는 아마추어들은 축구에 미친 사람이 아니다.

기업의 성공과 실패를 만드는 것은 평범한 샐러리맨을 양성하는 것과 전문적 사원을 만드는 것과의 차이이다. 이겨도 되고 져도 되는 선수(사원)를 과감히 제명했던 히딩크 감독이다. 히딩크 감독은 미친 선수들을 만든 기술자(교육자)이다.

 # 원숭이는 멀티 플레이를 한다

원숭이의 몸은 전체가 무기이며 도구이다. 긴 팔과 다리, 그리고 꼬리까지 나무에서 나무로 이동하는 도구로 사용된다.

어떠한 나무이건 간에 건너뛰기 위해서는 온몸을 이용하여 이동한다. 거리가 멀 때는 자신의 몸무게를 이용하여 나무에 반동을 일으켜서 먼 거리의 나무로 이동한다.

어느 나무, 어느 위치에 있든지 간에 필요한 나무로 이동할 때 온몸을 이동수단으로 이용하는 것은 원숭이의 몸이 자유자재로 움직일 수 있다는 장점 때문이다.

발리 섬을 찾는 관광객들의 안경을 빼앗아 가는 원숭이는 눈 깜짝할 사이에 안경을 빼앗아 간다. 순간적으로 나타나서 호기심에 안경을 빼앗아 가는 속도를 보면 원숭이의 순발력과 기동력을 볼 수 있다.

거대한 코끼리가 원숭이의 종처럼 움직이는 것도 코끼리는 순발력이나 기동력, 창의력에서 원숭이에게 떨어지기 때문이다. 주어진 먹이에 만족하는 거대한 코끼리에겐 창의력이 없다.

언제나 경계하면서 먹이를 구하고 주는 먹이에 만족하지 않는 호기심 많은 원숭이는 항상 생각하면서 창의력을 발휘하며 무엇인가 새로운 것에 도전하는 흥미와 재미를 가지고 있다.

멀티플레이어는 목욕탕이나 술집에서 발견한다

신입사원을 뽑을 때 목욕탕이나 술집, 길거리의 상점에서 뽑는 것은 멀티플레이어를 뽑는 방법 중 하나이다.

H그룹 회장이나 고인이 된 대통령 중에는 사원을 뽑거나 직책을 맡길 때 술자리에서 끝까지 술을 먹고도 자세가 흐트러지지 않는 사람에게 직책을 맡겼다는 일화가 있다.

술이 취해도 자세가 바른 사람이라면 어떠한 일을 맡겨도 책임을 완수할 수 있다는 믿음과 신뢰감 때문이다.

서류로 보는 면접은 신입사원의 내면을 볼 수 없다. 졸업장이나 경력증명서 등으로 그 사람의 창의력을 알 수는 없다. 앞서 지적한 것처럼 창의력이란 원숭이와 같은 순발력이다.

순발력이나 창의력은 공식이나 문장의 암기나 구사능력이 아니다. 관리자가 말을 못 해서 무능력한 시대가 아니다. 주어진 일에 충실한 코끼리보다 스스로 일을 찾아 만들어 가는 원숭이가 필요하다.

나뭇가지 사이로 날렵하게 움직이며 사고를 치는 원숭이는 유연한 체력과 순발력을 갖춘 히딩크의 정신훈련과 체력훈련의 선수이다. 일류기업의 창조적인 사원의 기본형이다.

3. 실전훈련

실전의 용사라는 말이 있다. 학교에서 장학생은 회장의 비서가 되지만 학교에서 열등생은 회장이 된다고 한다. 이 말이 의미하는 것은 무엇인가?

한국, 48년 만에 월드컵 첫 승.

황선홍과 유상철의 골로 폴란드를 2:0으로 제압했다. 전반 26분, 이을용이 골문 앞으로 낮고 짧게 센터링 해준 것을 황선홍이 왼발로 논스톱 슛. 폴란드의 골망이 흔들리는 것과 동시에 전국이 함성으로 뒤덮였다. 후반 8분, 유상철의 대포알 같은 중거리 슛. 승부는 이것으로 결정났었다

잉글랜드, 프랑스와의 평가전이 큰 힘이 됐다. 세계 강호와 두 차례 경기를 치르면서 자신감이 붙기 시작했다. 그리고 경기를 치르면 치를수록 스스로가 자신감이란 게 무엇인지 깨닫고 있다는 걸 발견했다.

평가전을 실전과 같이 훈련시켰던 히딩크의 전략이 적중했다. 아무도 예상하지 못했고 선수들조차 예상하지 못한 결과를 얻은 것은 비난을 무릅쓰고 강행했던 강팀과의 실전 결과였다. 유럽 팀에 약하던 징크스를 깨뜨린 결과는 4강 신화를 만들었다.

기업경영은 실전이다

기업경영은 예비전이 없다. 경기는 친선경기를 통하여 예비전을 습득하는 기회가 있으나 기업경영은 예비전도 없고 친선경기도 없다.

운동 선수는 시즌별로 채용하지만 기업의 사원은 시즌별로 채용할 수 없다. 담당 사원이 바뀌면 업무 변화가 발생하고 그것은 경쟁력을 약화시키는 주요 원인이 된다. 그러므로 기업의 경영은 일등이 아니면 월계관을 쓸 수 없다.

교육된 사원을 바꾸는 일은 선수를 바꾸는 일보다 어렵다. 선수는 팀에 합류되면 스스로 문제를 해결하지만 사원은 스스로 문제를 해결하지 못한다.

선수를 훈련하는 것보다 사원을 교육하는 것이 어렵다. 선수는 하나의 목적을 위하여 훈련되지만 사원은 하나의 목적을 위하여 교육되지 않기 때문이다. 그러므로 사원 교육은 선수 훈련보다 철저히 준비된 교육, 지속적인 교육이어야 한다.

선수 기용은 계약으로 끝나지만 사원의 채용은 계약만으로 완결되지 못한다. 사원은 계약조건보다 중요한 정신적인 대우와 보상을 요구하고 있으며 키(Key)를 쥐고 있기 때문이다.

 # 실전은 경험과 감각의 훈련이다

앞의 사례와 같이 새끼 원숭이를 훈련시키던 어미 원숭이는 훈련만을 강조하다 새끼를 죽음에 이르게 하였고 어미는 죄책감에 평생을 새끼를 가슴과 등에 품고 지내야 하는 아픔을 가지고 살아간다. 어미 원숭이는 원숭이의 선천적인 유연성만을 믿고 자신감을 심어주기 위한 훈련을 시켰을 뿐이지만 준비된 경험이 없는 새끼원숭이는 나무를 잡는 요령을 몰랐다.

원숭이는 나무타기 훈련을 단계적으로 실시하고 있다. 가까운 거리에서 멀고 높은 거리로 단계적으로 훈련을 시키는 어미는 항상 먼저 모범을 보이는 훈련을 한다.

원숭이가 나무에서 떨어지는 경우는 극히 드물지만 방심하거나 다른 생각을 할 때, 자신감이나 체력적으로 약할 때는 이미 예고된 사건이 발생한다.

기업의 중간 관리자들 중에는 원숭이가 나무에서 떨어지듯이 자만과 허영, 빈약한 체력조건을 가진 사람이 있다. 또한 지도자 중에도 원숭이나 코끼리와 같은 리더의 자격을 갖추지 못한 리더도 있다. 마치 신입사원이 하늘 높은 줄 모르고 천방지축 날뛰는 꼴과 같다. 교육은 이러한 계층별로 나누어 지속적이고 창조적인 결과물을 만드는 교육을 해야 실전에서 살아남는다.

창의력은 보여주는 교육이다

"자, 이제부터 불을 끄고 내기를 하자."

잘했다 못했다 논쟁을 할 필요가 없었다. 불을 켜고 도마 위에 놓인 떡과 글씨를 보는 순간 한석봉은 아무 말도 하지 못하고 입산을 하여 불을 끄고도 어머니와 같이 반듯하게 글을 쓸 때까지 연습을 했다.

생각하는 축구를 하라는 것은 어떻게 하면 상대 선수의 공을 빼앗아 골을 넣을 수 있을까 하는 팀워크의 협동적인 생각과 상대 선수의 발목을 잡는 생각을 하라는 것이다.

창의성은 아무런 목표나 목적도 없이 공상을 하는 상상이 아니다. 무엇을 어떻게라는 목표와 목적을 가지고 생각한다. 축구는 골문에 골을 넣는 것이 목표이다. 비기기 위한 경기는 청중을 경기장 밖으로 쫓아내는 결과를 만든다. 청중은 골이 터지는 순간의 만족감을 위해 경기장을 찾는다.

교육의 평가는 교육내용의 평가가 되어야 한다. 무엇을 배웠으며 배운 것을 어떻게 사용할 것인가를 평가하여야 창의력을 신장시킬 수가 있다. 교육은 직무를 개선시키고 개선을 위해 단계적으로 변화되어야 하는 것을 체크리스트를 통해 스스로 점검하여 변화함으로써 경쟁력을 창출하게 된다.

# 창의력은 감각이 필요하다

총 쏘는 훈련은 전투의 생명이다. 그러나 전투에서 훈련장에서 총을 쏘듯이 일어나서 쏘거나 머리를 들고 총을 쏘면 죽기 십상이다. 몸을 감추고 머리를 숙인 채로 적을 향해 총을 쏘지만 전투 경험이 있는 병사는 명중률이 높다. 총을 쏘는 것도 감각으로 쏜다. 이렇듯이 실전은 공식으로 해결할 수 없는 것이 많다.

캄캄한 어둠 속에서 표범의 무리가 코끼리 가족을 공격했다. 같은 조건 아래에서 코끼리는 방어를 했고 표범은 공격을 했으나 결과는 표범의 승리였다. 표범은 야행성 동물로 빛이 없는 밤에도 공격하는 훈련이 되어 있었으나 코끼리는 넓은 초원의 풀을 뜯어먹는 선비와 같은 생활이 전부였다.

기업은 시장이라는 전장에서 전투를 하고 있다. 고귀한 인품이나 명성만으로 야행성 동물이 활개치는 시장에서 영원히 살아남을 수는 없다.

공격만이 살아남는 비결이고 공격만이 생명을 유지하는 길이다. 공격은 최선의 방어이다. 만일 코끼리가 거대한 몸집과 힘으로 먼저 표범을 공격하였다면 표범은 야행성이라도 코끼리를 공격하지 못하였을 것이고 오히려 코끼리를 피해 갔을 것이다. 이것이 실전이다.

제 4 장
창조적 생각 만들기

TQ(Think Question) 원리로 히딩크의 생각하는 축구를 비교하여 창조적인 기업과 개인을 위한 창조적인 사고력 발상을 어떻게 하여 창의력을 신장시킬 것인가를 제시한다.

거대한 코끼리도 원숭이가 코끼리 코에 넣은 한 마리 생쥐 때문에 쓰러졌다.

전략이란 원숭이와 같이 호기심을 실천하는 것이다. 거대한 댐을 무너뜨리는 작은 구멍을 생각하자.

코끼리를 칭찬한 원숭이

코끼리는 등 위에서 뛰어 노는 원숭이가 미워졌다.

눈치가 빠른 원숭이가 이것을 눈치채고 코끼리를 칭찬했다.

용왕설화에서 용왕을 쫓아가던 원숭이가 죽음을 앞두고

용왕을 칭찬하여 다시 나무로 올라가 살아나게 된 것도

원숭이가 용왕을 칭찬했던 방법이다.

"용왕님, 그렇게 좋은 용궁에 가는데 가장 소중한 간을

나무에 걸어 놓고 왔으니 그것을 가지고 가야 좋겠습니다."

용왕을 한참 칭찬하면서 원숭이는 간을 나무에 걸어 놓고 왔다고 하여

죽음을 면했었다.

원숭이는 맛있는 바나나를 따서 코끼리의 코에 넣어주면서

코끼리의 코를 쓰다듬었다.

"이 세상에 이 코보다 잘생긴 것은 없을 거야."

그 말을 들은 코끼리는 미워하던 원숭이가 귀여워졌다.

그리고 원숭이 덕분에 많은 사람들의 인기를 얻는다는 생각도 들었다.

코끼리는 신이 나서 코를 들며 원숭이와 함께

더욱 멋진 묘기를 보이고 있었다.

히딩크는 칭찬하는 것을 즐겼다. 잘못하던 선수도

히딩크의 칭찬을 들으며 스스로 잘못을 고쳐나갔고 팀원을 하나로 묶는

끈이 되었다. 이것이 히딩크의 리더십이다. 칭찬으로 끄는 힘이다.

1. 칭찬은 이렇게

코끼리와 원숭이의 무리에는 리더가 있다. 리더의 판단에 따라 무리가 살아날 수도 있고 죽을 수도 있다. 기업에 리더의 판단도 기업의 분위기를 살릴 수도 있고 죽일 수도 있다.

기업 중에는 사원들이 출근하지 못해서 병이 나는 기업도 있으며, 마지못해 월급 때문에 출근하는 기업도 있다.

신바람 나는 기업은 기업의 분위기에서 결정된다.
축구경기를 회사에 출근하여 보는 것이 편하게 느껴지는 기업의 풍토는 리더의 한마디 말에서부터 시작된다. 이러한 리더의 기본 자세가 있다.

① 무조건 칭찬하라.

② 적극적으로 칭찬하라.

③ 긍정적인 칭찬을 하라.

④ 감싸주고 덮어주며 칭찬하라.

감싸주고 덮어주는 리더. 포르투갈과 대결에서 후반 25분에 골을 넣은 박지성은 히딩크에게 달려들어 아버지와 아들처럼 포옹을 했다. 히딩크는 박지성의 진정한 리더였다.

그것은 평소에 칭찬과 포옹으로 선수들을 훈련시켰던 히딩크에 대한 선물이었다. 마음속에 간직되었던 감정이 순간적 행동으로 나타난 것이었지만 그 장면을 보고 있던 거리응원단들은 눈물을 흘렸다. 거리응원을 자생적으로 자극시킨 이유 중에 하나가 이러한 히딩크의 보이지 않는 리더십이었다. 잠재되어 있던 국민의 감정을 자극시켜 거리로 나오게 만든 것이다.

그 동안 무엇인가에 억눌려 있던 감정은 히딩크가 선수들을 뽑는 과정에서도 나타났다. 유럽 선수들과 같이 몸을 아끼는 선수가 아니라 월드컵경기에 출전하는 것만도 영광으로 생각하는 한국 선수들의 잠재된 능력을 발견한 것이다.

경기에 진 선수에게는 별명이 많다. 경기에 이긴 선수는 모든 것을 포용한다. 이처럼 칭찬이나 포용은 조건부가 아닌 무조건적인 것이다. 히딩크가 평가전에서 대패했을 때 언론이나 대한축구협회 등에서는 경질설과 선수 교체설이 나돌았지만 히딩크는 그러한 모든 소리에 귀를 닫고 포용했다.

 ## 개혁에서 비평은 하나의 과정이다

월드컵 선수단을 구성하면서 학연, 지연, 혈연을 무시한 결과가 평가전의 대패로 나오자 그들은 기회가 왔다는 듯이 히딩크를 비평하고 나왔다.

코끼리의 뱃속에 생쥐가 들어가서 난리를 치지 않았다면 코끼리는 영원히 원숭이와 동반자가 되지 못했을 것이고 원숭이가 따주는 싱싱한 과일을 먹어보지 못했을 것이다.

추운 겨울일수록 과일이나 농사가 잘된다는 말과 같이 혹독한 비평이 없는 개혁은 없다. 기업의 개혁은 기득권의 보수적 행동으로 변화되기가 어렵다.

겉으로는 변했다고 하면서 속으로는 변화되는 것을 두려워하는 이유는 안일주의와 개인주의 때문이다.

모험 없는 개혁은 없다. 모험은 승리하면 애국자요, 실패하면 반역자가 된다. 모든 것은 하나의 게임이다. 게임에서 승자와 패자는 구별된다. 소극적 자세에서 패자가 되기보다는 적극적인 자세에서 승자가 되는 것이 리더의 올바른 자세이다.

개혁의 바람은 거세고 힘차다. 개혁과정에서 소극적인 자들(비평자, 비난자)은 반드시 존재하며 그들은 사라지게 된다.

코끼리와 원숭이 지도자는 희생정신이 있다

코끼리와 원숭이의 무리에는 반드시 리더가 있다.

동물세계에서 리더는 절대적인 존재이다. 리더는 자신의 목숨을 걸고 무리를 인도한다. 명예나 권위의 리더가 아니다. 무리의 생존을 책임지는 리더이다.

코뿔소 무리 중에서 가장 약한 새끼를 공격하는 사자를 보고 코뿔소 리더는 목숨을 걸고 사자를 쫓아낸다. 코끼리나 원숭이 리더도 무리의 생존을 위해 자신을 희생한다. 무리는 리더의 그러한 모습을 보고 절대 순종한다.

기업에서 리더는 어떠한 사람인가?

리더는 풍부한 경험과 강력한 힘으로 사건을 해결하는 능력을 가졌다. 동물의 리더는 모든 무리가 잠을 잘 때도 주변을 살피고 전진할 방향을 결정한다. 기업체의 리더는 사원이 해야 할 일과 기업이 결정할 일에 대하여 목숨을 걸고 추진하고 있는가.

리더란 무엇인가?

희생정신과 결단력이 없는 리더는 자격이 없다. 자신의 아픔을 동료의 기쁨으로 만들 수 있는 리더가 무리를 통솔한다.

리더의 희생정신을 보고 무리는 절대적으로 순종하며 무리를 형성하여 움직인다. 항상 먼 데를 보고 긴장하고 있으며, 항상 싸울 준비가 되어 있는 자이다.

 ## 리더의 결단력이 팀을 이끈다

동물들이 무리를 짓고 이동하는 것은 살아남기 위함이다. 사자나 호랑이, 표범이나 치타, 하이에나 등의 맹수에게 잡혀 죽은 동물은 무리에서 떨어진 동물이다.

무리로 이동하는 동물들은 서로를 감싸주며 공격에 대비한다. 서로가 서로의 방패가 되어 주기도 하고 서로를 이끌어 주기도 한다. 무리가 단결하면 맹수들도 쉽게 공격하지 못한다.

히딩크는 홍명보를 기용하면서 많은 고민을 했다. 홍명보는 나이도 많고 부상 등을 문제로 '팀워크를 해치지 않을까?' 하는 의문점 때문이었다. 그때 황선홍은 '팀에 꼭 필요한 선수'라고 홍명보를 강력히 추천했다. 일본에서 복귀한 황선홍이 수원 삼성에서 적응에 어려움을 겪고 있을 때 가시와 구단에 이를 알려 샤샤와의 맞교환을 실현시켜준 홍명보에 대한 우정의 표시이기도 했다. 히딩크는 그들의 우정을 믿었다.

홍명보는 4강의 신화를 만들어 내는 팀워크의 리더로 충분한 역할을 했다. 홍명보와 황선홍의 우정은 팀의 강력한 단결력이 되었고 맏형으로서의 역할과 히딩크 감독의 지시를 행동으로 실천하는 중간 리더로 4강의 신화를 만들었다. 최고의 리더 히딩크의 믿음과 신뢰의 결과였다.

리더는 발로 뛰어라

"사원들이 모두 퇴근하고 난 후에도 나는 빈 책상을 바라봅니다. 그들은 월말이면 월급을 받지만 나는 그들에게 월급을 주기 위해 밤낮을 뛰어야 합니다."

K기업의 김 회장 말이다. 사원들을 교육하고 난 후 김 회장이 감명 깊게 강의를 들었다며 차를 한잔하자고 하여 나눈 대화 중 일부이다.

김 회장은 사원들이 스스로 일을 처리해 주기를 바라고 있었다. 마침 월드컵에서 히딩크의 리더십이 이슈거리로 나온 김에 김 회장에게 내가 권했다.

"회장님이 발로 뛰어보세요."

김 회장은 아들에게 회사업무를 모두 맡기고 있는 터였다. 그래서 일선에서 물러난 회장으로서 잘못하면 간섭이라는 말을 듣게 된다는 것이었다. 나는 히딩크를 비난했던 사건을 전했다.

"유능한 선수를 찾아 히딩크는 경기장으로 뛰어 다녔죠. 뿐만 아니라 히딩크는 감독이기 전에 선수와 같이 뛰었습니다. 왜 회장이라고 뒷전에 물러나 있어야 합니까?"

회장은 아무 말 없이 나의 말을 듣고만 있다 헤어졌다.

며칠 후 김 회장으로부터 전화가 왔다. 그 동안 아들과 이사들

눈치 때문에 뒷전에서 하던 말을 직접적으로 했더니 처음에는 이
상하게 반응했지만 이제는 좋아하더라는 것이었다.

　소니 사의 워크맨은 소니 사 회장이 발견한 작품이다. 만약 회
장이 현장을 돌아보지 않았다면 말단 사원의 워크맨 아이디어는
영원히 다른 기업에 빼앗겼을 것이고 오늘날의 소니 사로 발전하
기까지는 몇 년이 더 걸렸을 것이다.

　책상에서 게임을 할 수 없다.
　경기는 반드시 경기장에서 한다. 운동 선수가 경기장이 아닌
곳에 있다면 이미 운동 선수의 자격을 상실한 것이다. 그는 평론
가이거나 해설가일 것이다.

　운동 선수를 이력서나 경력을 보고 뽑는 것은 위험한 리더이
다. 운동 선수는 반드시 경기장에서 운동하는 것을 보고 평가해
야 한다. 책상에서 면접으로 간단하고 쉽게 뽑은 선수가 유능한
선수이기보다는 경기장에서 뽑은 선수가 유능한 선수일 것이다.

 # 리더의 칭찬요법

칭찬이 없는 리더에게는 충성된 신하도 없다.

내가 모셨던 분 중에 올해 75세가 되는 분이 있다. 경력으로 보나 인품으로 보나 그분과 나는 많은 인생의 차이를 가지고 있었다. 그러나 그분은 항상 나를 경계하고 있었다.

나중에 안 사실이지만 그분에게는 한 사람의 충복도 없었다. 모든 사람을 자신의 경쟁자로 생각하고 자신보다 똑똑하거나 능력이나 실력이 있으면 언제든지 비난을 하여 자신으로부터 멀어지게 만드는 것이 그분의 성격이었다.

그러한 모든 것을 알고 났을 때 나는 그분이 불쌍하게 여겨졌다. 앞에서 말하는 것과 뒤돌아 서서 말하는 것이 달라지는 이유가 경쟁심 때문이었다.

심지어는 자식조차도 그분에게 가까이 가지 않는 것을 보고 왜 그렇게 사는가라고 질문도 해보았지만 그분은 영원히 변할 수 없는 성격을 가지고 있었다.

그분이 만일 남을 조금이라도 칭찬할 수 있는 여유를 가졌다면 그분은 한국 교육계에서 가장 존경받는 분으로 기억될 수 있을 텐데 하는 아쉬움이 너무 많았다.

 # 칭찬이 없는 리더는 여유 없는 리더

칭찬을 하지 못한다는 것은 자신에게 여유가 없기 때문이다. 히딩크가 게임을 이기려고 하지 말고 즐기라고 한 것도 여유를 가지라는 의미이다.

여유가 없으면 쫓기는 입장에서 창의력을 발휘하지 못한다. 생각하지 못하는 사람은 자신의 능력조차도 제대로 발휘할 수가 없다. 시간에 쫓기면 자신감마저 상실하게 된다.

마치 바둑에서 초읽기에 몰리면 자충수로 지게 되는 것과 같다. 이러한 여유는 충분한 훈련과 체력에서 나오는 정신력의 창조력이다.

이번 월드컵경기에서 한국은 막판에 골을 넣는 경우가 많았다. 경기 3분을 남겨 놓고 판을 뒤집는 골을 넣은 것도 여유를 가지고 끝까지 최선을 다했기 때문이다.

시간이 흐르면서 전반전이 끝나고 후반전 5분을 남겼을 때의 선수의 심장은 측정하기 어려울 정도로 박동이 뛰게 된다. 그러나 침착한 여유를 가진 자에게는 5분이나 50분이나 마찬가지로 느껴진다. 쫓기는 자보다 쫓는 자가 여유가 있다.

 # 여유를 만드는 것은 칭찬이다

히딩크는 고함을 지르며 야단치는 코치들에게 왜 소리를 치는 냐고 물었다. 초조한 마음을 만드는 것은 야단이고 질책이다. 질책은 결정적인 순간에 소극적인 행동을 만드는 자극제가 된다.

2002 한·일 월드컵의 노래를 부른 소프라노 조수미의 초등학교 때 선생님의 칭찬이야기는 유명한 일화다.

그녀는 초등학교 4학년 때까지 누구한테도 칭찬을 받아본 적이 없었다.

어느 날 담임선생님이 조수미를 불렀다. 얼굴도 예쁘지 않았고 공부도 잘하지 못한 작은 키의 조수미는 긴장을 하고 선생님에게 다가갔다. 의기소침해 있는 조수미의 어깨를 다독이며 선생님은 칭찬을 했다.

"수미야, 선생님은 수미의 목소리가 너무 아름답단다. 지금부터 너의 목소리를 잘 가다듬으면 세계적인 소프라노가 될 수 있을 것이라 생각한다."

그때부터 조수미는 음악을 하였고 오늘날 세계적인 소프라노가 되었다고 한다.

칭찬은 잠재된 무한한 소질과 능력을 자극시키는 리더의 요술봉과 같다.

# 히딩크는 행동으로 칭찬한다

히딩크는 선수들의 잘못을 야단치는 것을 거부했다. 야단치는 방법도 가능성을 칭찬하는 방법으로 말했다.

칭찬은 말로 하는 칭찬과 행동으로 하는 칭찬이 있다.

히딩크는 말보다 행동으로 칭찬을 했다. 직장에서 돌아온 아버지가 피곤함을 잊은 채 아들과 함께 이야기하고 게임도 하며 놀아주는 것도 아들에 대한 아버지의 칭찬이다. 히딩크는 선수들과 함께 땀을 흘리며 뛰고 체력전을 했다. 20대의 젊은 선수들과 50대의 노장이 어깨를 마주 대고 가슴을 마주 대며 힘 겨루기를 하는 동안 기술도 가르치며 정을 나누었다.

리더는 말로 사원들을 이해하는 것보다 사원들과 함께 식사하고 게임을 하며 즐기는 자세가 중요하다. 동물은 함께 동고동락하며 접촉하는 동안 정을 느끼게 되고 서로를 이해하게 된다. 코끼리는 서로 몸을 비비며 친해진다.

노사분규는 리더와 노동자간의 거리감 때문에 일어난다. 서로가 평행선을 달리는 기차처럼 서로를 이해하지 못하기 때문이다.

말로 약속하고 실천하지 않는 것보다 행동으로 실천하여 믿음을 만드는 것이 필요하다. 칭찬은 자신감과 믿음을 만드는 비결이다. 함께 어깨와 가슴을 마주 대는 교육으로 기업은 강력한 경쟁력을 만들 수 있다.

# 히딩크는 차별화 교육(훈련)을 한다

"백문이 불여 일견"이라고 한다.

백 번 들어도 한 번 보는 것보다 못 하다는 말이 있다.

"백언이 불여 일행"이라고 교육은 말한다.

백 번 약속하는 것보다 한 번 실천하는 것이 낫다는 말이다.

교육은 리더와 팀원이 함께 이해할 수 있는 공간이다. 함께 하는 공간은 리더와 팀원이 공동체의식을 만들 수 있는 공간이다.

교육의 차별화는 선수마다 다른 포지션에 대한 능력을 평가하고 능력개발을 위해 훈련하는 방법을 말한다. 일률적인 훈련방법으로 프로 선수를 만들 수 없다.

제3장에서 지적한 정신력훈련은 공통적으로 훈련하는 프로그램이지만 체력훈련은 개개인에 따라서 훈련하는 프로그램이다.

기업교육의 차별화가 경쟁력이다.

기업교육의 실패는 정신교육이나 체력교육이나 모두가 공통적인 교육을 한다는 점이다. 서로의 역할이 다르고 서로의 기능이 다른데 하나의 방법으로 수학시험 보듯이 하나의 답을 요구하는 교육 때문에 교육의 효과를 얻지 못하고 있다. 일류기업은 히딩크식 차별화교육으로 경쟁력을 만든다.

2. 변화는 이렇게
〈R세대의 등장〉

시대가 변했다. 대중의 인기 기준이 변했다. 개인적인 인기에서 국가적인 인기로 바뀌면서 연령의 차이가 없어졌고 이번 월드컵 대회 중에 자연히 R세대가 발생했다.

R세대의 가장 큰 특징은 기존의 젊은 세대들과 달리 그 형성 자체가 국가와 사회라는 공동체적인 동질감에서 출발했다는 점이다. 그간 우리 청소년이나 젊은 세대를 특정 짓고 분류하는 잣대는 주로 대중 스타에 대한 우상화나 시대적 유행이나 조류의 대부분인 10대나 20대의 N세대이었다.

기성세대는 N세대의 무책임하고 자유분방한 행동을 우려하면서 그들을 이해하기에는 세대 차이가 난다고 단정짓고 그들을 이해하려 하지 않았다. N세대는 방황했고 그들의 독특한 감성과 능력은 빛을 발하기 어려웠다. 마치 기업에서 고참사원과 신입사원, 상사와 부하간의 세대 차이에서 오는 갈등과 오해로 인해 신입사원들의 능력을 개발시키지 못한 기업의 손실과도 같다.

R세대는 함께 어울려 함께 즐거워했고 함께 눈물을 흘렸다. 누구의 지시나 동원령도 없었지만 그들은 거리로 쏟아져 나왔고 수백만 명이 질서 있게 움직였다.

기성세대는 동원령의 시대였고 N세대는 자유분망하게 자기 마음대로 행동하는 세대였으나 R세대는 스스로 질서를 지키며 서로를 이해하며 양보하고 협동하며 연습 없는 응원을 하여 세계인들을 놀라게 만들었다. N세대에도 질서는 있었다.

기업은 어떻게 변할 것인가?

시대가 지배의 시대에서 감정(능력)의 시대로 변했다.

N세대가 거부하는 것은 종이로 자신의 잠재능력을 평가하는 기성세대의 변하지 않는 자세였다. 기성세대는 경험과 지식에서 오는 결과에 대한 철저한 기록에 의해 평가하는 자세로 일관하는 시대적 오판을 가지고 있다.

인터넷은 종이로 평가받지 않는다. 인터넷은 순간적인 감정에서 나오는 직감과 능력으로 존재할 뿐이다. R세대는 평가받는 것을 거부하며 공존하기를 원한다. 월드컵 포상금의 분배방법에서도 23명이 공동으로 분배받기를 원했던 것과 같다.

기업의 고객이 변했다

대중의 인기 기준이 변했다는 것은 기업의 고객 선호도가 변했다는 것과 같다. 얼마 전까지만 해도 인기 그룹 god의 팬이었다는 여고 1년생 정양. 월드컵이 시작된 이후 정양의 관심이 180도로 변했다. 그 동안 정양의 방안을 장식했던 god의 사진은 대부분 사라지고 그 자리에 축구 국가대표 선수들의 대형 브로마이드가 걸려져 있었다.

그는 말한다. "god는 노래하는 가수에 불과하잖아요. 하지만 축구 국가대표 선수들은 나라를 대표해서 뛴 국민적 영웅이잖아요. 어디 비교가 되나요."라는 말은 변화한 R세대의 의식을 보여주고 있다. 그들은 똑같이 변하고 있다.

"예전에는 god밖에 몰랐어요. 그 오빠들이 전부였지만 지금은 달라요. TV에 축구 국가대표 선수들의 이름만 나와도 가슴이 설렙니다. 사력을 다하는 선수들의 모습, 그리고 온 국민이 하나가 돼 응원하는 모습을 보면서 예전에 콘서트장에서 경험했던 것과는 다른 느낌을 받았습니다. 가슴이 뭉클해 며칠 동안 아무 일도 못 했습니다. 예전엔 반대하던 부모님도 함께 응원하며 저와 똑같이 선수들의 팬이 됐습니다. 그래서 저도 당당해졌습니다. 저뿐만 아니라 반 친구들도 모두 마찬가지에요." 이 말은 기업 고객층의 변화를 말하며 그들을 이해하지 못하면 기업의 미래가 없음을 뜻한다.

권위와 권력의 가면을 벗자

특정인이나 계층을 위한 상품이 다수의 계층에도 판매될 수 있다는 증거는 붉은 악마의 빨간 옷이었고 태극기였다. 남녀노소 모두를 하나로 뭉치게 만든 태극기는 얼마 전까지만 해도 국가의 상징물이었다.

2400만 명의 거리응원단을 이끌어간 빨간 옷과 태극기는 숭상의 상징에서 응원의 상징물로 바뀌었다. 젊은 세대와 기성세대가 하나로 뭉치게 되면서 서로를 이해하게 되었다.

거리응원단에 나오지 않는 계층이 있다면 관료직이나 최고 경영자 층이라고 할 것이다. 그들은 왜 거리로 나오지 못했을까? 아직도 특수층이라는 인식 때문일까? 아니다. 그들이 쓰고 있는 권력과 권위의 가면 때문일 것이다.

생명체는 감정을 가지고 있다. 경기를 보면서 흐르는 눈물과 함성을 거리 밖으로 자신 있게 소리치지 못하고 눈물을 흘리지 못하는 계층이 권력과 권위를 상징하고 있는 계층이다.

아령은 양쪽이 둥글고 가운데는 들어간 형태를 갖는다. 왼쪽 무게와 오른쪽 무게가 일정하다. 아령은 공처럼 잘 굴러가지 못한다. 양쪽이 공처럼 둥글면서도 굴러가지 못하는 것은 두 개로 쪼개져 있기 때문이다. 잘 굴러가는 기업은 아령이 아닌 둥근 공의 기업이다. 리더는 아령의 가면을 벗고 둥근 공이 되어야 한다.

"내 탓이다." 정신사상

　한동안 종교단체에서 "모든 것은 내 탓이요."라는 말이 유행어처럼 번졌다. 잘못된 것을 남에게 돌리고 잘된 것만을 찾아내어 내 공으로 만드는 사회의 풍토에서 발전을 기대하기 어렵다.

　사무실이나 현장에서 힘든 일이나 음식점에서 또는 단체에서 돈을 낼 때는 숨을 죽이고 피하거나 입을 다물고 있다가도 편한 일이거나 업적이 발생하는 경우는 언제 나타났는지 머리를 내밀고 자신의 업적으로 만들려는 사람들이 많다.

　이렇듯이 상사가 부하의 업적을, 교수가 학생의 논문을 자신의 공으로 만드는 조직이나 기업에서는 발전도 창조도 없다.

　히딩크는 게임에 져도 선수들을 탓하는 법이 없다. 전략과 전술을 잘못 짠 자신의 잘못으로 인정했다. 그는 책임전가를 하지 않았다. 유리할 때와 불리할 때를 구별하여 지위와 권력으로 통치하는 조직이나 기업이 창조적인 경쟁력을 창출한다는 것은 이미 가식이고 허영이며 홍보적인 거품이다.

　물거품은 바람이 강할수록 많아지고 그 크기도 크지만 한순간에 모든 거품은 꺼진다. 대기업의 수많은 거미줄과 같은 조직이 창조적 관리(경영)를 못 할 때 물거품이 된다. 모든 리더의 "내 탓이요."라는 창조적 자세가 승리(경쟁력)를 만든다.

3. 눈물은 이렇게
〈감격의 눈물〉

'오노 골 세리머니.' 홍명보는 미국과의 시합 전날 훈련이 끝난 후 모인 선수들에게 농담을 건넸다. "골 넣는 사람이 오노 골 세리머니를 하는 게 어때?" 김원동 프로연맹 사무국장으로부터 "오노 골 세리머니를 하면 속이 시원하겠다."는 얘기를 듣고 선수들과 이야기 도중 무심코 말을 꺼냈다. 그리고 이튿날, 안정환은 동점골을 넣은 순간 왼쪽 코너로 달려가더니 잔디 위에서 스케이트를 타는 세리머니를 연출했다. 안정환의 세리머니에 따라 선수들도 똑같은 동작을 했다. 억울하게 빼앗긴 김동성의 금메달을 안정환이 미국으로부터 찾아왔다는 동작에 수많은 관중은 열광했고 눈물을 흘렸다.

쇼트트랙에서 빼앗긴 금메달을 축구장에서 되찾아오는 기분을 연출했다. 전 국민을 하나로 뭉치게 만든 작은 공이지만 그 속에 잠재된 국민의 감정을 자극시키기에는 충분했다.

팀의 주장 홍명보가 무심코 던진 한마디가 전 국민을 눈물 흘리게 만든 자극제가 되었다. 리더는 결정적인 순간에 팀을 뭉치게도 만들고 흐트러지게도 만든다. 홀로 흘리는 눈물 속에는 수많은 기쁨이 들어 있었다.

벤치 멤버에게 영광을…

경기에 못 나가는 선수들의 마음고생을 지켜보는 일은 가장 큰 곤욕이었다. 큰 대회에서는 팀 단결이 가장 중요한데…. 김병지 · 최용수 · 윤정환 · 이민성. 그라운드에서 질주하고픈 욕구가 이글거리는 그들과 눈이 마주칠 때면 안타까웠고 미안했다. 그래서 언젠가 선수들이 한자리에 모인 자리에서 그들에게 가장 먼저 감사표시를 했다. 대표팀 맏형으로서 함께 하면서도 뛰지 못하는 그들의 쓰린 마음을 나눠 갖기 위해서였다.

월드컵 포상금을 모두가 균등하게 나눠 가지는 마음은 그들의 공통체 의식이다. 선수가 벤치에서 경기를 지켜보고 있어야 하는 가슴속에는 보이지 않는 눈물이 흐르고 있는 것이다. 그러나 벤치에서 기다리는 동료들이 있기 때문에 몸을 아끼지 않고 뛸 수가 있는 것이다.

 # 리더의 눈물 - 감독이 아니라 형님

월드컵 '삼수생' 최진철에게 이번 월드컵은 평생 잊을 수 없는 환희의 순간이었다. 1994년부터 월드컵 최종 엔트리에서 막판에 탈락하는 불운을 겪었던 최진철은 처음이자 마지막일 수 있는 월드컵에 임하는 마음이었다. 최진철은 히딩크 감독에 대한 특별한 감정을 가지고 있다. 서른을 넘긴 나이에 국가대표에 선발될 가능성이 희박하다는 평가도 많았다. 그러나 능력 제일주의를 들고 나온 히딩크 감독은 과감히 최진철을 뽑았다. 후배들은 히딩크 감독이 무섭다고도 했지만 최진철은 히딩크 감독이 큰형님처럼 편했다. 최진철은 믿는 만큼 실망스럽지 않은 모습을 보이겠다고 다짐했고 그 약속을 지켰다. 4강에 진출했을 때 히딩크 감독은 "진철 수고했다."며 넉넉한 웃음을 지어 주었다.

감독을 형님이라고 부를 수 있는 조직이라면 팀의 단결력이나 조직력은 언급할 필요가 없다. 감독이 선수를 폭행하는 것이 당연하다고 생각하는 사람도 있는데 감독을 형님이라고 부르고 싶다는 것은 히딩크 감독의 노력 없이 된 것이 아니다.

앞에서 웃고 돌아서서 우는 광대와 같이 팀을 위해 자신의 감정을 버려야 하는 리더의 눈물이 있다. "돌다리도 두드려보고 건너라."라는 말처럼 히딩크 감독은 주변의 비판 속에서도 가능성 있는 선수를 뽑기 위해 월드컵 대회 2개월 전까지도 선수를 결정하지 못했다.

리더의 눈물 - 감정을 속으로 삭인다

히딩크 감독은 평소 감정을 잘 드러내지 않는 사람이다. 히딩크 감독은 아끼는 선수에게는 매정했지만 한 번 믿는 선수에게는 끝까지 믿음을 버리지 않고 감정을 삭이며 기다렸다.

안정환은 스페인 전지훈련 때나 월드컵 기간에나 별반 차이가 없었다. 히딩크 감독은 일부러 안정환을 거칠게 다뤘다. 팀을 이끌기 위해 빅리그에서 뛰고 있는 선수들에 대해 일부러 차별적인 컨트롤을 한다는 의도를 주었다. 처음 발표된 스페인 전지훈련 멤버에서 안정환을 제외시킨 것도 정신적인 충격을 주기 위함이었다.

안정환이 이탈리아전에서 페널티킥을 실축했을 때나 첫 경기 폴란드전에서 득점 기회를 여러 번 놓쳤을 때나 히딩크 감독은 입을 다물고 지켜봤다.

프랑스전에서 5:0으로 대패했을 때, 히딩크 감독이 애인하고 같이 나타났을 때, 일부 언론과 주변에서 히딩크 감독의 자질을 평가하며 비난했다. 그때마다 그는 아무런 대답도 없이 묵묵히 선수훈련에만 열중했다. 그는 혼자 속으로 감정을 삭여야 했다. 월드컵에서 세계를 놀라게 할 것이라는 확신을 가지고 감정을 삭이며 그날을 기다렸다.

 ## 리더의 눈물 – "괜찮아. 괜찮아."

이회택 – 차범근 – 최순호에 이어 한국 축구의 스트라이커로서 14년간의 대표팀 생활을 접는 황선홍. 강산이 '한 번 반'이나 변했건만 황선홍 가슴의 태극기는 변함이 없었다. A매치 102회 출전에 50골을 넣은 황선홍이다.

설기현은 미국전에서 많은 찬스를 얻었지만 골을 넣지 못했다. 그때마다 황선홍은 설기현에게 "괜찮아. 괜찮아." 위로를 하면서 말을 붙였다.

전지훈련 합류 직후 난데없이 할아버지의 부음이 날아들었다. 할아버지의 운명을 지키지 못한 것보다 더욱 괴로웠던 것은 할아버지의 빈소를 찾지 못했다는 것이다. 중요한 시기에 4, 5일씩 훈련캠프를 비울 수는 없었다. 이를 악물고 할아버지 생각을 접었다. 어릴 적부터 축구장 한쪽에서 말없이 날 지켜봐 주시던 할아버지. 어제야 메달을 들고 할아버지 묘를 찾아갔다. "왜 그렇게 빨리 가셨어요…." 한참을 울었다.

"괜찮아"라는 말은 2400만 명의 응원가가 되었다. 선수들이 실수를 했을 때 응원석에서 순식간에 터져 나온 응원가가 되었다. 연장전에서 선수들의 사기를 높인 응원가가 '괜찮아'이다.

# 리더의 눈물 – 완충역할을 한다

포춘 잡지는 잭 웰치 회장보다 양키즈의 감독 조 토리를 우수한 경영인으로 뽑았다. 31만 명을 거느리는 총수보다 25명의 선수들을 거느리는 감독이지만 5년 동안에 4번이나 월드 시리즈를 승리로 이끈 공과 GE는 스타급 고급인력 중 여러 명이 딴 회사로 이적을 했지만 양키즈의 스타급 선수들은 한 명도 이적을 하지 않았다는 경영관리 때문이었다.

다음은 조 토리 감독의 리더십이다.

첫째, 훈계나 훈시연설을 하지 않는다. 1 대 1의 관계를 수립하여 상대를 관찰하고 상대의 심리를 조절해 준다.

둘째, 강한 지도자이지만 긴장을 하는 모습을 보이지 않으며, 지나친 압력은 역효과를 내므로 자연적인 창의력을 도출시켜 감독이 선수를 신임한다는 확신을 심어준다.

셋째, 모든 사람들은 필요한 사람이라는 인식을 심어준다. 심부름꾼 한 사람도 그 사람이 꼭 필요한 사람이라는 느낌을 깊이 심어준다.

넷째, 절대로 실패를 처벌하지 않는다. 실패를 포용하는 분위기를 조장하여 팀워크를 이끈다.

다섯째, 역보충을 한다. 긴장된 사태에서는 온화한 태도를 보이고 사태가 호전되면 그때 열성을 보인다.

여섯째, 선수들과 구단주의 완충역할을 한다.

4. 판단은 이렇게

게임의 승패는 판단력에 달려 있다. TQ 손바닥원리에서 손등을 내밀 것인가 손바닥을 내밀 것인가에 의하여 줄 것인가 받을 것인가로 달라진다.

판단은 순간이다. 순간적인 판단을 위해 과학적이고 체계적인 훈련으로 판단력을 키워야 한다. 긍정적인 생각과 적극적인 행동을 만드는 창의력이 필요하다. 앞서 지적한 내용을 판단하는 능력이 결과를 만든다.

원숭이의 결정

코끼리와 원숭이가 많은 관중 앞에서 묘기를 부리고 있을 때였다.

코끼리가 코로 물통을 집어서 자신의 등 위에 있는 원숭이에게

전달하는 묘기이었다. 원숭이는 코끼리가 집어 주는 물통을 받아서

코끼리 등 위 놓고 그 위에 올라서는 묘기를 보여주려다가

그만 미끄러졌다.

다행히 앞으로 미끄러지는 바람에 코끼리의 긴 상아에 걸려

땅바닥에 떨어지는 위기를 모면했다.

상아 위에 올라앉은 원숭이가 코끼리에게 말했다.

"코끼리야, 코로 나를 감아서 등 위로 올려 놓는 묘기를 보여줘."

코끼리는 원숭이가 시키는대로 코로 원숭이를 감아서 등 위로 올려주었다.

코끼리와 원숭이의 묘기를 보고 있던 관중들이 일제히 일어나며

박수를 쳤다. 기립박수를 받기는 처음이었다.

조련사는 원숭이의 실수에 화가 나서

철저히 훈련을 시켜야겠다는 생각을 하고 있다가

원숭이의 순간적인 판단과 행동에 감탄을 했다.

왜 진작 그런 묘기를 보이질 못했을까? 하고

원숭이의 순발력을 격찬했다. 가르친 묘기보다

원숭이 스스로 순간적으로 결정한 묘기가 인기를 끌었다.

리더의 판단 – 선수를 믿음

히딩크 감독의 판단력은 선수에 대한 믿음에서 나왔다.

박지성이 포르투갈전에서 결승골을 넣은 뒤 마치 엄마 품에 안기는 아이처럼 히딩크 감독에게 달려갔던 것은 자신의 가능성을 믿고 끝까지 기회를 준 감독에 대한 감사의 표시였다.

히딩크 감독이 박지성의 포지션을 바꿔 오른쪽 윙 포워드를 맡긴 결과였다. 수비보다는 공격에 비중을 두는 3-4-3 시스템을 주전형으로 굳힌 히딩크 감독이 그 동안 중앙 미드필드에 '숨겨뒀던' 돌파력과 수비가담능력을 동시에 가지고 있는 박지성을 믿고 던진 승부수였다.

히딩크 감독은 안정환의 실수에도 끝까지 선수교체를 하지 않는 믿음을 보여주었다. 대전월드컵경기장에서 열린 '난적' 이탈리아와의 16강전에서 반복되는 실수에도 끝까지 믿었다.

안정환은 전반 5분 페널티킥을 실축하자 불안감과 초조감이 몰려왔다. 이탈리아의 리드는 계속되었다. 안정환의 전력투구하는 공격에도 골은 터지지 않았다. 후반 종료직전에 터진 설기현의 동점골에 안도의 한숨을 내쉬며 연장전에 들어갔다.

연장 후반 12분. 이영표의 패스를 머리로 받아 이탈리아 골문에 꽂은 안정환의 골은 누구도 상상하지 못한 이탈리아전 승리와 월드컵 8강의 기적을 일궈낸 주인공이 되었다.

히딩크 감독은 선수들의 정신적 안일함이나 자만 등을 지속적으로 자극하는 충격요법을 적절하게 사용한 리더이다.

히딩크 감독은 안정환을 스페인 전지훈련 명단에서 전격 제외시켰다가 다시 불러들이는 '충격요법'으로 다스렸고 최종 엔트리 발표 때까지 OK 사인을 보내지 않은 채 스스로 분발하도록 유도했다.

히딩크 감독은 선수들 개개인의 성격과 능력을 과학적으로 분석한 자료를 바탕으로 선수들을 자극시켰다. 때로는 긴장하게 만들었고 때로는 무관심으로 선수들이 분발하도록 유도했다.

엔트리 멤버를 늦게까지 발표하지 않았고 그로 인하여 선수들은 긴장 속에서 자기개발에 적극적인 자세를 보였다. 그는 한국 선수들이 쉽게 흥분하고 쉽게 잊어버리는 습관을 충격요법으로 지속적으로 자극했다.

기업의 리더는 사원들을 어떻게 긴장시키고 어떻게 자극시킬 것인가?

사원들의 긴장은 적극적인 자세와 긍정적인 사고방식을 만든다. 교육의 결과를 보고하게 하고 결과에 대한 지속적인 관리와 업무 개선을 통하여 사원들은 스스로 자기개발에 열중하게 되어 결국 기업의 경쟁력을 높이게 된다.

 # 리더의 판단 - 옥석을 구별한다

'될 성 부른 떡잎' 찾기에 여념이 없었던 히딩크 감독은 반칙만 잘하고 정교한 패스 등 기본기가 부족하다는 혹독한 평가를 받던 김남일을 유럽전지훈련을 앞두고 전격 발탁했다.

김남일의 기용은 당시 축구팬들은 물론 축구전문가들조차도 "한국에 그만한 수비형 미드필더는 없다."는 히딩크 감독의 단언에 의문점은 물론 선수기용에 문제를 제기하기도 했다.

히딩크 감독은 고교 1학년 때 축구가 힘들다는 이유로 가출했다가 부친의 눈물의 설득 끝에 마음을 다잡고 운동화 끈을 질끈 동여맨 사실과 한 번 상대를 마크하면 거머리처럼 물고 늘어지는 악바리 근성과 투지라면 미드필드의 적임자라고 판단했다.

김남일은 스페인 전지훈련에서 열린 핀란드전에서 완벽한 플레이로 2:0 승리를 도와 히딩크 감독의 믿음을 확신시켰고 프랑스와의 평가전에서 슈퍼스타 지네딘 지단을 무용지물로 만들었으며, 폴란드전에서는 자신보다 키가 10㎝ 이상이나 큰 라도스와프 카우지니를 제공권 싸움에서 압도하고 특급 골잡이 에마누엘 올리사데베를 완벽하게 차단하며 역사적인 첫 승을 거두는 데 기여했다.

히딩크의 판단은 적중했고 주변 평가의 잘못을 증명했다.

 # 리더의 판단 - 기회를 준다

1골, 2어시스트의 알찬 성적을 낸 이을용은 대회 개막전까지 출전기회를 잡을 수 있을지 아무도 짐작하지 못했다.

이영표가 폴란드와의 조별리그 첫 번째 경기를 앞두고 경주에서 훈련하다 차두리와 충돌해 종아리 근육이 파열되면서 이을용은 부산아시아드경기장에서 열린 폴란드전에서 꿈에 그리던 월드컵 무대를 밟게 되었다.

대타영웅으로 떠오른 이을용은 대구월드컵경기장에서 열린 미국전에도 이영표 대신 선발되었으나 전반 40분께 동점을 만들 수 있었던 페널티킥을 실축했다. 그는 충격을 털어 내고 활발히 뛰더니 후반 30분 정확한 킥으로 안정환의 헤딩 동점골을 도우며 전반 페널티킥 실축을 만회했다.

결국 이을용은 대구에서 열린 터키와의 경기에서 0:1로 뒤진 전반 9분 통렬한 프리킥 동점골을 터뜨리며 히딩크 감독과 국민에게 자신은 대타가 아님을 입증했다.

23명의 선수 중 엔트리 11명을 기용해야 하는 감독의 판단은 천당과 지옥을 오가는 순간이다. 선수선발에 따라서 작전이 바뀌고 승패가 갈라지기 때문이다.

히딩크식 사원 교육
— 일회성 교육에서 탈피하라 —

사원 교육은 교육 후 결과 보고서를 작성하고 결과 보고서에 의해 업무 개선 및 직무 발명을 지속적으로 관리하여 사원들 스스로 자기개발을 통한 경쟁력을 키우게 한다.

교육결과평가서를 강사평가서에서 교육 결과에 대한 소득과 업무개선을 위한 교육 평가로 바꾸어 지속적으로 교육을 한다.

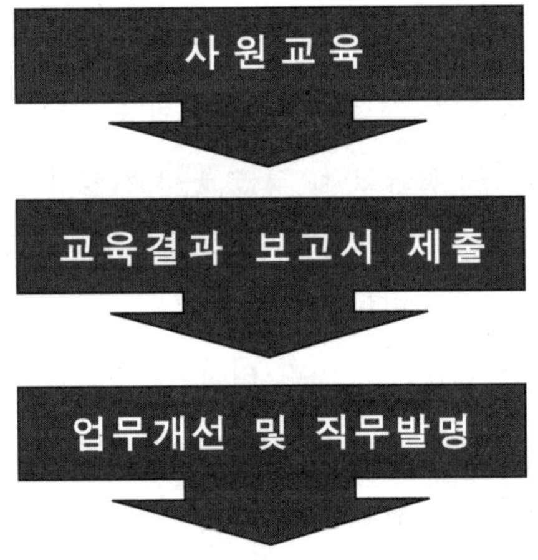

교육에서 얻는 정보를 자신의 업무와 연계하여 무엇을 어떻게 개선하고, 개선을 위하여 무엇을 할 것인가를 생각하게 하며 문제해결을 위하여 강사의 지속적인 평가 및 대화 채널(e-메일이나 인터넷 강의)을 통하여 결과물(골인)을 만든다.

제 5 장

부 록

아이디어(창의력) 개발 사례

아이디어는 20여 가지 방법과 6가지 비교방법에 의하여 개발된다. 다음에 아이디어개발교육을 통한 사례를 들어본다.

아이디어(창의력)는 기존의 고정관념과 틀을 깨뜨려야 만들어지며 생각을 실천해야 결과물을 얻게 된다.

기업경영 사례

집보다 편안한 회사, 극장보다 안락한 회사, 카페와 같은 회사를 만든 S기업은 출퇴근 시간이 정해져 있지 않다. 사원들은 쉬는 날에도 회사에서 여가를 보내며 동료들과 대화를 나눈다. 회사가 사원들에게 업무를 강요하지 않아도 사원들 스스로 업무계획서를 제출하여 자신의 급여를 자신이 책정함으로써 사내의 분위기를 창조적인 분위기로 끌어 가고 있다.

사원은 회사가 요구하지 않는 실적을 만들기도 하고, 소비자를 고객이기 전에 가족으로 접근하여 지속적인 발전을 하고 있다.

공격적 기업의 분위기를 먼저 기업의 환경과 업무조건을 개선하는 투자로 미래적 기업으로 태어나고 있다.

상품개발 및 판매기법 사례

　테헤란 밸리에서 볶음 짬뽕으로 4년 만에 4층짜리 빌딩을 사고 월 6,000만 원의 소득을 올리는 K사장.
　그는 중국집 주방장 출신으로 차별화된 볶음 짬뽕을 개발하여 24시간 판매의 전략으로 일약 4년 .만에 자신의 꿈을 이루었다. 그는 짬뽕의 면만 먹고 영양분이 담겨 있는 국물을 그대로 버리고 가는 손님들에게 어떻게 서비스할까를 고민했다. 그 결과 남기는 국물을 이용하여 볶음밥과 같은 볶음 짬뽕을 개발하여 고객의 불만을 만족으로 개선시켜 성공했다.

비교방법 6가지

① 상대적 비교　　② 균형적 비교

③ 방법적 비교　　④ 사용적 비교

⑤ 형태적 비교　　⑥ 원리적 비교

발명을 하는 아이들

전국에 발명을 하는 학생들이나 연구원들, 개인발명가들을 교육하면서 그들의 공통점을 보았다. 초보자가 발명을 하면서 공통적으로 질문하는 것은 어떻게 발명을 하는가라는 질문이다. 나는 간단하게 답한다. "주변에서 찾아라." 생활주변이나 업무주변 등 자신이 하고 있는 일이나 연관된 주변에서 아이디어를 찾아야 한다.

자신이 알지 못하는 아이디어는 상상이나 공상이 된다. 수많은 발명가, 발명하는 학생들이 도전하고 실험하는 방법은 방법기법 20여 가지와 TQ비교법 6단계가 있다.

상품 개선 및 개발 방법

① 간단하고 편리하고 쉽게 하라.

② 더하고 빼고 나누고 곱하라.

③ 분리하고 결합하고 분산하고 종합하라.

업무적 아이디어 개발(업무개선 사례)

A. 『편지봉투에 구멍을 뚫어라』

우체국에서 일을 하던 한 집배원은 반복되는 업무에서 가끔씩 비나 물로 인하여 지워지는 봉투의 주소를 안전하게 기록하고 봉투 안에 내용물을 식별할 수 있는 방법을 생각하다가 누드 편지봉투(주소를 볼 수 있게 만든 DM발송용 편지봉투)를 고안했다.

B. 기계를 생산하는 K씨는 작업을 하다가 기계 한쪽에 튀어나온 손잡이 때문에 손을 다친 경험이 있다. 그래서 반드시 손잡이가 있어야 하는가를 고민하게 되었다. 그 결과 손잡이를 없앴고 후에도 작업에는 이상이 없었다. 또한 원가도 절약되었고, 작업과정에서 다치는 일도 없어졌다.

창조적 면접방법

A기업에 강의를 갔을 때 창조적인 사원면접방법을 요구했다. 그래서 본문에서 설명한 것처럼 현장에서 면접하라고 했다. 음식점, 카페, 목욕탕, 공사현장, 백화점, 운동장 등에서 분위기에 적합한 방법을 제시했다.

신상품 개발 사례(직무발명 사례)

　　소니 사의 워크맨은 이 회사 최고경영자의 경영전략에서 나온 신상품이다. 오디오와 카세트를 합친다는 개념의 워크맨은 당시 엄청난 투자를 요구했던 상품으로 많은 관리자들의 반대에도 불구하고 회장의 결단으로 탄생하게 된 것이었다. 당시 워크맨을 개발했던 말단 사원의 아이디어가 중간 관리자들의 고정관념으로 빛을 보지 못하던 것을 회장이 현장을 돌아보는 과정에서 발견한 아이디어 상품이었다. 발로 뛰는 CEO의 실천적 행동이 만든 결과였다.

아이디어(창의력) 개발 교육 연수과정

◆ 교육 대상 : 신입사원, 모든 사원, 관리직, 연구개발직, CEO
◆ 교육 목적 : 아이디어개발, 창의적 사원 양성, 창조적 관리 및 경영교육,
　　　　　　업무개선, 자기개발, 조직강화, 의식개혁, 신기술·신상품개
　　　　　　발, R&D

모 듈	교육내용		시 간
즐겁게 생각하기	− 게임을 이기려고 하지 말고 즐겨라 − 도전하는 자가 승리를 즐길 수 있다 − 코끼리와 원숭이는 무엇이 다를까?		1~4
생각 뒤집기	− 생각하는 축구로 뒤집자 − 고정적인 위치를 바꾸자 − 자신 있게 전진하자 − 틈새를 공격하자		1~4
생각의 틀 만들기	정신훈련 5단계	소신대로 하라, 기초훈련, 장기적 비전 제시, 프로다운 준비, 철저한 용병술	6~12
	체력훈련 5단계	패스훈련, 포지션훈련, 웨이드훈련, 피워트레이닝훈련, 체력전술훈련	
	실전 경기 훈련		
창조적 생각 만들기	− 칭찬은 이렇게 − 변화는 이렇게 − 눈물은 이렇게 − 판단은 이렇게		1~4
총시간	특강 8시간		24시간

◆ 교육 안내 : http://www.tqidea.co.kr (기업교육)
◆ 연 락 처 : (02) 595−1996, 018−399−7054, tqidea@hanmail.net
◆ 저자강의 : TQ 창의력교육개발원 강충인 원장

가림출판사 · 가림M&B · 가림Let's에서 나온 책들

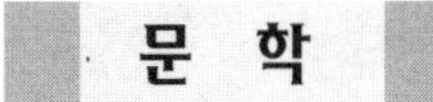

바늘구멍
켄 폴리트 지음 · 홍영의 옮김
미국 추리작가 협회의 최우수 장편상을 받은 초유의 베스트 셀러로 전쟁을 통한 두뇌싸움을 치밀하고 밀도 있게 그려낸 추리소설. 신국판 / 342쪽 / 5,300원

레베카의 열쇠
켄 폴리트 지음 · 손연숙 옮김
최고의 모험, 폭력, 음모 그리고 미국적인 열정 속에 담긴 두 남녀의 사랑이야기를 독자들의 상상을 뒤엎는 확실한 긴장감으로 마지막까지 흥미진진한 켄 폴리트의 장편 추리소설.
신국판 / 492쪽 / 6,800원

암병선
니시무라 쥬코 지음 · 홍영의 옮김
금세기 최대의 난적인 암을 퇴치하기 위해 7대양을 누빌 암병선을 무대로 인간생명의 존엄성을 지키기 위해 불의와 맞서는 시라도리 선장의 꿋꿋한 의지와 애절한 암환자들의 심리가 생생하게 묘사된 근래 보기드문 걸작. 신국판 / 300쪽 / 4,800원

첫키스한 얘기 말해도 될까
김정미 외 7명 지음
이 시대의 젊은 작가 8명이 가슴속 깊이 간직했던 나만의 소중한 이야기를 살짝 털어놓은 상큼한 비밀 이야기.
신국판 / 228쪽 / 4,000원

사미인곡 上·中·下
김충호 지음
파란만장한 일생을 보낸 정철의 생애를 통해 난세를 살아가는 우리에게 삶의 지혜와 기쁨을 선사하는 대하 역사 소설.
신국판 / 각 권 5,000원

이내의 끝자리
박수완 스님 지음
앞만 보고 살아가는 우리에게 자신을 뒤돌아볼 수 있는 여유를 갖게 해주는 승려시인의 가슴을 울리는 주옥 같은 시집.
국판변형 / 132쪽 / 3,000원

너는 왜 나에게 다가서야 했는지
김충호 지음
세상에 대한 사랑의 아픔, 그리움, 영혼에 대한 고뇌를 달래야 했던 시인이 살아 있는 영혼을 지닌 이들에게 전하는 사랑의 메시지. 국판변형 / 124쪽 / 3,000원

세계의 명언
편집부 엮음
위인이나 유명인들의 글, 연설문 혹은 각 나라에서 전해져 오는 속담을 통하여 지난날을 되새겨보는 백과전서로서, 오늘을 반성하는 교과서로서, 그리고 미래를 설계하는 참고서로서 역할을 해줄 것이다. 신국판 / 322쪽 / 5,000원

여자가 알아야 할 101가지 지혜
제인 아서 엮음 · 지창국 옮김
남녀가 함께 살면서 경험으로 터득한 의미심장하면서도 재미있는 조언들을 발췌한 내용으로 독신의 삶을 청산하려는 이들이 알아야 할 유용하고 상상력 풍부한 힌트로 가득찬 감동의 메시지이다. 4·6판 / 132쪽 / 5,000원

현명한 사람이 읽는 지혜로운 이야기
이정민 엮음
현대를 살아가는 우리들에게 삶의 가치를 부여해주고 자기 성찰의 기회를 갖게 해준다. 신국판 / 236쪽 / 6,500원

성공적인 표정이 당신을 바꾼다
마츠오 도오루 지음 · 홍영의 옮김
고통스러울 때, 괴로울 때, '그럼에도 불구하고'의 스마일을 통해 자신뿐만 아니라 주위 사람들의 마이너스 사고를 플러스 사고로 바꾸어서 사람의 마음을 움직이며, 그리고 사람의 마음에 남는 최고의 웃는 얼굴을 만드는 비법 총망라!
신국판 / 240쪽 / 7,500원

태양의 법
오오카와 류우호오 지음 · 민병수 옮김
불법 진리 사상의 윤곽과 그 목적·사명을 명백히 함으로써 한 사람 한사람의 인간이 깨달음을 추구하고 영적으로 깨우치기 위한 명확한 방향을 제시하였다. 신국판 / 246쪽 / 8,500원

영원의 법
오오카와 류우호오 지음 · 민병수 옮김
일찍이 설해졌던 적도 없고 앞으로도 설해지지 않을 구원의 진리를 한 권의 책에 이론적 형태로 응축한 기본 삼법의 완결편.
신국판 / 240쪽 / 8,000원

옛 사람들의 재치와 웃음
강형중 · 김경익 편저
옛 사람들의 재치와 해학을 통해 한문의 묘미를 터득하고 한자를 재미있게 배우며 유머감각까지 높일 수 있는 일석삼조의 효과 만점. 신국판 / 316쪽 / 8,000원

지혜의 쉼터
쇼펜하우어 지음 · 김충호 엮음
쇼펜하우어의 철학체계를 통하여 풍요로운 삶의 지혜를 얻고 기쁨을 얻을 수 있도록 꾸며 놓은 철학이야기.
4·6판 양장본 / 160쪽 / 4,300원

헤세가 너에게
헤르만 헤세 지음 · 홍영의 엮음
순수한 애정과 자유를 갈구하는 헤세의 아름다운 세상을 통한 깨끗한 정신세계를 공유할 수 있는 기회를 제공.
4·6판 양장본 / 144쪽 / 4,500원

사랑보다 소중한 삶의 의미

크리슈나무르티 지음 · 최윤영 엮음

금세기 최고의 사상가이자 철학자인 크리슈나무르티가 인간의
정신적 사고의 구조와 본질을 규명하여 인간의 삶에 대한 가장
완벽한 해답을 제시. 신국판 / 180쪽 / 4,000원

장자-어찌하여 알 속에 털이 있다 하는가

홍영의 엮음

동양 사상의 저변에 흐르고 있는 자연에의 경외감을 유감없이
표현한 장자를 통하여 인간 본연의 자세로 돌아가 나를 돌아보
는 계기를 만들어 주는 책. 4 · 6판 / 180쪽 / 4,000원

논어-배우고 때로 익히면 즐겁지 아니한가

신도희 엮음

인간에게 필요불가결한 윤리와 도덕생활의 교훈들을 평이한
문체로 광범위하게 집약한 논어의 모든 것!!
4 · 6판 / 180쪽 / 4,000원

맹자-가까이 있는데 어찌 먼 데서 구하려 하는가

홍영의 엮음

반성과 자책을 통해 잃어버린 양심을 수습하고 선으로 복귀할
것을 천명하는 맹자 사상의 집대성!! 4 · 6판 / 180쪽 / 4,000원

건 강

식초건강요법

건강식품연구회 엮음 · 신재용(해성한의원 원장) 감수

가장 쉽게 구할 수 있고 경제적인 식품이면서 상상할 수 없을
정도로 뛰어난 약효를 지닌 식초의 모든 것을 담은 건강지침
서! 신국판 / 224쪽 / 6,000원

아름다운 피부미용법

이순희(한독피부미용학원 원장) 지음

피부조직에 대한 기초 이론과 우리 몸의 생리를 알려줌으로써
아름다운 피부, 젊은 피부를 오래 유지할 수 있는 비결 제시!
신국판 / 296쪽 / 6,000원

버섯건강요법

김병각 외 6명 지음

종양 억제율 100%에 가까운 96.7%를 나타내는 기적의 약용버
섯 등 신비의 버섯을 통하여 암을 치료하고 비만, 당뇨, 고혈
압, 동맥경화 등 각종 성인병 예방을 위한 생활 건강 지침서!
신국판 / 286쪽 / 8,000원

성인병과 암을 정복하는 유기게르마늄

이상현 편저 · 민형기 감수

최근 들어 각광을 받고 있는 새로운 치료제인 유기게르마늄을
통한 성인병, 각종 암의 치료에 대해 상세히 소개.
신국판 / 304쪽 / 7,000원

난치성 피부병

생약효소연구원 지음

현대의학으로도 치유불가능했던 난치성 피부병인 건선 · 아토

피(태열)의 완치요법이 수록된 건강 지침서.
신국판 / 232쪽 / 7,500원

新 방약합편

정도명 편역

약물의 성질과 효능을 쉽게 꾸며 놓아 자신의 병을 알고 증세
에 맞춰 스스로 처방을 할 수 있는 가정 한방 주치의 역할을 해
준다. 증상과 처방에 따라 가정에서 조제할 수 있는 보약 506
가지 수록. 신국판 / 416쪽 / 15,000원

자연치료의학

오흥근(신경정신과 의학박사 · 자연의학박사) 지음

대한민국 최초의 자연의학박사가 밝힌 신비의 자연치료의학으
로 자연산물을 이용하여 부작용 없이 치료하는 건강 생활 비법
공개!! 신국판 / 472쪽 / 15,000원

약초의 활용과 가정한방

이인성 지음

현대과학이 밝혀낸 약초의 신비와 활용방법을 수록하여 가정
에서도 주변의 흔한 식물과 약초를 활용하여 각종 질병을 간편
하게 예방 · 치료할 수 있는 비법제시. 신국판 / 384쪽 / 8,500원

역전의학

이시하라 유미 지음 · 유태종 감수

일반상식으로 알고 있는 건강상식에 대해 전혀 새로운 관점에
서 비판하고 아울러 새로운 방법들을 제시한 건강 혁명 서적!!
신국판 / 286쪽 / 8,500원

이순희식 순수피부미용법

이순희(한독피부미용학원 원장) 지음

자신의 피부에 맞는 관리법으로 스스로 피부관리를 할 수 있는
방법을 제시하고 책 속 부록으로 천연팩 재료 사전과 피부 타
입별 팩 고르기. 신국판 / 304쪽 / 7,000원

21세기 당뇨병 예방과 치료법

이현철(연세대 의대 내과 교수) 지음

세계 최초 유전자 치료법을 개발한 저자가 당뇨병과 대항하여
가장 확실하게 이길 수 있는 당뇨병에 대한 올바른 이론과 발
병시 대처 방법을 알기 쉽게 상세히 수록!
신국판 / 360쪽 / 9,500원

신재용의 민의학 동의보감

신재용(해성한의원 원장) 지음

주변의 흔한 먹거리를 이용하여 신비의 명약이나 보약으로 활
용할 수 있는 건강 지침서로서 저자가 TV나 라디오에서 다 밝
히지 못한 한방 및 민간요법까지 상세히 수록!!
신국판 / 476쪽 / 10,000원

치매 알면 치매 이긴다

배오성(백상한방병원 원장) 지음

자연의 생기를 빨아들이면서 마음을 다스리는 B.O.S.요법으로
뇌세포의 기능을 활성화시키고 엔돌핀의 분비효과를 극대화시
켜 증상에 맞는 한약 처방을 병행하여 치매를 치유하는 획기적
인 치유법 제시. 신국판 / 312쪽 / 10,000원

21세기 건강혁명 밥상 위의 보약 생식

최경순 지음

항암식품으로, 아름다운 몸매를 유지하면서 할 수 있는 다이어
트식으로, 젊고 탄력적인 피부를 유지할 수 있게 해주는 자연
식으로의 생식을 소개하여 현대인들의 건강 길라잡이가 되도
록 하였다. 신국판 / 348쪽 / 9,800원

기치유와 기공수련

윤한홍(기치유 연구회 회장) 지음

기 수련을 통해 길러지는 기치유는 누구나 노력만 하면 개발할 수 있고 활용할 수 있는 능력임을 강조하는 저자가 기 수련 방법과 기치유 개발 방법을 자세하게 소개하고 있다.
신국판 / 340쪽 / 12,000원

만병의 근원 스트레스 원인과 퇴치

김지혁(김지혁한의원 원장) 지음

현대를 살아가는 사람들에게 스트레스는 피할 수 없는 존재. 만병의 근원인 스트레스를 속속들이 파헤치고 예방법까지 속 시원하게 제시!! 신국판 / 324쪽 / 9,500원

김종성 박사의 뇌졸중 119

김종성 지음

우리나라 사망원인 1위. 뇌졸중 분야의 최고 권위자인 저자가 일상생활에서의 건강관리부터 환자간호에 이르기까지 뇌졸중의 예방, 치료법 등 모든 것 수록. 신국판 / 356쪽 / 12,000원

탈모 예방과 모발 클리닉

장정훈 · 전재홍 지음

미용적인 측면과 우리가 일상적으로 고민하고 궁금해 하는 털에 관한 내용들을 피부과 전문의인 저자들의 치료 경험을 토대로 다양하고 재미있게 예들을 들어가면서 흥미롭게 구성. 저자들의 글을 풀어가는 입담을 느낄 수 있는 편집도 이 책의 또다른 특징. 신국판 / 290쪽 / 8,000원

구태규의 100% 성공 다이어트

구태규 지음

하이틴 영화배우의 다이어트 체험서.
저자만의 다이어트법을 제시하면서 바람직한 다이어트에 대해서도 알려준다. 건강하게 날씬해지고 싶은 사람들을 위한 필독서! 4 · 6배판 변형 / 240쪽 / 9,900원

암 예방과 치료법

이춘기 지음

현재 미국 암센터에서 활동하고 있는 저자가 암환자와 가족들을 위해서 암의 치료방법에서부터 합병승의 예방 및 암이 생기기 전에 알 수 있는 방법에 이르기까지 상세하게 해설해 놓은 책. 신국판 / 296쪽 / 11,000원

알기 쉬운 위장병 예방과 치료법

민영일 지음

소화기관인 위와 관련 기관들의 여러 질환을 발병 원인, 증상, 치료법을 중심으로 알기 쉽게 해설해 놓은 건강서.
속이 쓰리거나 음식을 삼킬 때 가슴이 막히는 증상 때문에 걱정이 되는 독자들은 이 책으로 근심을 한 방에 날려버릴 수 있다. 신국판 / 328쪽 / 9,900원

이온 체내혁명

노보루 야마노이 지음 · 김병관 옮김

음이온의 생성, 음이온이 많은 환경, 음이온이 건강에 미치는 영향 등을 구체적인 실험사례를 들어가면서 설명한 신개념의 건강서. 새로운 건강관리 이론으로 주목을 받고 있는 음이온을 통해 건강을 돌볼 수 있는 방법 제시. 신국판 / 272쪽 / 9,500원

어혈과 사혈요법

정지천 지음

침과 부항요법 등을 사용하여 피를 맑게 함으로써 모든 질병을 다스릴 수 방법을 알려 준다. 특히 우리 주변에서 흔하게 접할 수 있는 각 질병의 상황별 처치를 혈자리 그림과 함께 상세하고 쉽게 해설. 신국판 / 308쪽 / 12,000원

성장클리닉 (배오성)
항암식품 (신재용)
카이로프랙틱 (이승원)
녹차와 건강 (석자연스님)
생활인의 선체조 (혜원스님)
심장병 (박승정)

홍채학 (김성훈)
발건강학 (최미희)
간클리닉 (전재웅)
자연피부미용 (이순희)
고혈압 (이정균)
여성질환(차선희)

교 육

우리 교육의 창조적 백색혁명

원상기 지음

자라나는 새싹들이 기본적인 지식과 사고를 종합적 · 창조적으로 발전시켜 창조적인 사고능력을 배양할 수 있도록 한 교육지침서. 신국판 / 206쪽 / 6,000원

육아아이디어 263

생활컨설턴트그룹 엮음 · 한양심 옮김

세상에서 가장 예쁘고 소중한 우리 아기에게 언제나 여유로우면서도 무슨 일이든 척척 처리하는 현명한 신세대 엄마가 되기 위한 최신 육아 정보 수록! 신국판 / 318쪽 / 6,000원

현대생활과 체육

조창남 외 5명 공저

현 체육대학 체육과 교수들이 저술한 생활체육의 모든 것으로 건강의 개념 및 체력의 개요를 비롯한 각종 현대병의 원인과 예방 및 운동요법에 대한 이론과 요즘 각광받는 골프 · 스키 · 볼링 등의 레저스포츠 분야로 나눠 체육학을 전공하는 학생들 및 일반인들이 관심 있는 부분까지 총망라!!
신국판 / 340쪽 / 10,000원

퍼펙트 MBA

IAE유학네트 지음

기존의 관련 두서들과는 달리 Top MBA로 가는 길을 상세하고 완벽하게 수록하였으며, 또 톱 비즈니스 스쿨 지원자들에게 있어 가장 큰 애로사항 가운데 하나인 에세이를 쉽게 작성할 수 있는 작성법과, 톱 비즈니스 스쿨에 합격한 학생들의 원문도 수록하여 톱 MBA를 꿈꾸는 지원자들에게 가장 완벽하고 충실한 최신의 정보를 제공해 줄 것이다. 신국판 / 400쪽 / 12,000원

유학길라잡이 I -미국편

IAE유학네트 지음

미국으로의 유학 · 연수준비생을 위한 알짜배기 최신정보서!! 미국의 교육제도 및 유학을 가기 위해서 준비해야 할 절차, 미국 현지 생활 정보, 최신 비자정보 등을 한눈에 볼 수 있는 유학길잡이. 4 · 6배판 / 372쪽 / 13,900원

유학길라잡이 II - 4개국편

IAE유학네트 지음

영어권 국가로의 유학 · 연수준비생을 위한 알짜배기 최신정보 수록!! 영국 · 캐나다 · 호주 · 뉴질랜드의 현지 정보 · 교육제도 및 각 국가별 학교의 특화된 교육내용 완전 수록!!
4 · 6배판 / 348쪽 / 13,900원

조기유학길라잡이.com
IAE유학네트 지음

영어권으로 나이 어린 자녀를 유학보내기 위해 준비중인 학부
모 및 준비생들이 반드시 읽어야 할 필독서!!
영어권 나라의 교육제도 및 학교별 데이터를 완벽하게 수록하
여 유학정보서의 질을 한 단계 상승시킨 결정판!!
4 · 6배판 / 428쪽 / 15,000원

현대인의 건강생활
박상호 외 5명 공저

현대인들의 건강한 삶을 위한 사회체육의 중요성을 강조. 건강
과 체력 증진을 위한 기본상식, 노인과 건강 등 이론과 스쿼
시 · 스키 · 윈드 서핑 등 레저스포츠 등의 실기편으로 이루어
진 알찬 내용 수록. 4 · 6배판 / 268쪽 / 15,000원

천재아이로 키우는 두뇌훈련
나카마츠 요시로 지음 · 민병수 옮김

화이트 브레인을 발달시켜야 머리가 좋은 아이가 된다. 머리가
좋은 아이로 키우기 위한 환경 만들기, 식사, 운동 등 연령별
두뇌 훈련법 소개. 국판 / 288쪽 / 9,500원

취미 · 실용

김진국과 같이 배우는 와인의 세계
김진국 지음

포도주 역사에서 분류, 원료 포도의 종류와 재배, 양조 · 숙
성 · 저장, 시음법, 어울리는 요리에 이르기까지 일반인의 관심
사와 함께 와인의 유통과 소비, 와인 시장의 현황과 전망 등 산
업적 부분까지 다루었다.
특히 와인소매점과 레스토랑 종사자들을 겨냥, 와인 판매 요
령, 와인의 보관과 재고의 회전뿐만 아니라 고객에게 와인을
권하고 추천할 수 있는 능력, '와인 양조 비밀의 모든 것' 을 동
영상으로 제작한 CD까지, 와인의 모든 것이 담긴 종합학습서.
국배판 변형양장본(올 컬러판) / 208쪽 / 30,000원

경제 · 경영

CEO가 될 수 있는 성공법칙 101가지
김승룡 편역

21세기를 맞이하면서 새롭게 떠오르는 분야가 바로 'CEO' 의
탄생이다. 냉혹한 기업 세계의 현실에서 높은 성장과 수익을
달성하기 위해서는 최고 경영자로서의 자질을 갖춰야 한다.
이 책은 미래의 CEO를 위한 획기적인 경영실용서로서 또 한
번의 경제위기를 겪고 있는 우리의 현실을 극복하고 일어설 수
있는 리더로서의 역할과 책임에 대한 명확한 해답을 제시해줄
것이다. 신국판 / 320쪽 / 9,500원

정보소프트
김승룡 지음

홍수처럼 쏟아지는 정보를 수집 · 분석하여 효과적으로 활용하
는 방법을 총망라한 정보 전략 완벽 가이드!!
신국판 / 324쪽 / 6,000원

기획대사전
다카하시 겐코 지음 · 홍영의 옮김

무한경쟁시대 창업 전문가의 시대에서 성공할 수 있는 것은 완
벽한 기획에서만 가능하다. 저자가 신사업 기획안과 지역 활성
화의 프로젝트맨으로 수십 년간 활약하면서 얻은 경험과 체험
을 토대로 엮은 완전 실용판 기획지침서로서 히트상품의 개발,
창업의 성공, 업무의 효율화, 성공적인 마케팅전략, 인재조직
의 활용, 비용절감 등 기획에 관련된 모든 사항을 실례와 도표
를 통하여 초보자에서 프로기획맨에 이르기까지 효율적으로
활용할 수 있도록 체계적으로 총망라하였다.
신국판 / 525쪽 / 19,500원

맨손창업 · 맞춤창업 BEST 74
양혜숙 지음

창업대행 현장 전문가가 추천하는 유망업종을 7가지 주제별로
나누어 수록한 맞춤창업서로 창업예비자들에게 창업의 길을
밝혀줄 발로 뛰면서 만든 실무 지침서!!
신국판 / 416쪽 / 12,000원

무자본, 무점포 창업! FAX 한 대면 성공한다
다카시로 고시 지음 · 홍영의 옮김

완벽한 FAX 활용법을 제시하여 가장 적은 자본으로 창업하려
는 예비자들에게 큰 투자를 필요로 하지 않으면서 성공을 이끌
어주는 길라잡이가 되는 실무 지침서. 신국판 / 226쪽 / 7,500원

성공하는 기업의 인간경영
중소기업 노무 연구회 편저 · 홍영의 옮김

무한경쟁시대에서 각 기업들의 다양한 경영 실태 속에서 인
사 · 노무 관리 개선에 있어서 기업의 효율을 높이고 발전을 이
룰 수 있는 원칙을 제시하고 있다.
아울러 인간경영에 관한 이론적 바탕과 실천적 내용이 잘 조화
를 이루어 급변하는 21세기에 살아남을 수 있는 획기적인 이정
표를 제시해줄 것이다. 신국판 / 368쪽 / 11,000원

21세기 IT가 세계를 지배한다
김광희 지음

21세기 화두로 떠오른 IT혁명의 경쟁력에 대해서 일반인들도
쉽게 이해할 수 있도록 전문가의 논리적이고 철저한 해설과 더
불어 매장 끝까지 실제 사례를 곁들여 이 책을 통해 21세기 최
정상에 오르는 방편을 터득하게 해줄 것이다.
신국판 / 380쪽 / 12,000원

경제기사로 부자아빠 만들기
김기태 · 신현태 · 박근수 공저

날마다 배달되는 경제기사를 꼼꼼히 챙겨보는 사람만이 현대
생활에서 부자가 될 수 있다. 언론인의 현장감각과 학자의 전
문성을 접목시킨 것이 이 책의 특성! 누구나 이 책을 읽고 경제
원리를 체득, 경제예측을 할 수 있게 준비된 생활경제서적.
신국판 / 388쪽 / 12,000원

포스트 PC의 주역 정보가전과 무선인터넷
김광희 지음

이제 포스트 PC시대를 준비하자.
이 책은 포스트 PC의 주역으로 급부상하고 있는 정보가전과 무
선인터넷 그리고 이를 구현하기 위한 관련 테크놀러지를 체계

적으로 소개한 21세기의 현자(賢者)가 되기 위한 지침서이다.
신국판 / 356쪽 / 12,000원

성공하는 사람들의 **마케팅 바이블**
채수명 지음

마케팅의 A에서 Z까지 마케팅 박사가 최근의 이론을 보완하여 내놓은 마케팅 관련 실무서. 마케팅의 정보전략, 핵심요소, 컨설팅실무까지 저자의 노하우와 창의적인 이론이 결합된 마케팅서.　신국판 / 328쪽 / 12,000원

느린 비즈니스로 돌아가라
사카모토 게이이치 지음 · 정성호 옮김

미국식 스피드 경영에 익숙해져 현실의 오류를 간과하고 있는 대기업, 중소기업, 조그맣게 자기 가게를 하고 있는 사람들을 위한 어떻게 팔 것인가보다 무엇을 팔 것인가를 차분히 설명하는 마케팅 컨설턴트의 대안 제시서!　신국판 / 276쪽 / 9,000원

적은 돈으로 큰돈 벌 수 있는 **부동산 재테크**
이원재 지음

700만 원으로 부동산 재테크에 뛰어들어 100배 불린 저자가 부동산 재테크를 계획하고 있는 사람들이 반드시 알아두어야 할 내용을 경험담을 담아 해설해 놓은 경제서.
신국판 / 340쪽 / 12,000원

바이오혁명
이주영 지음

21세기 국가간 경쟁부문으로 새로이 떠오르고 있는 바이오혁명에 관한 기초지식을 언론사에 몸담고 있는 현직 기자가 아주 쉽게 해설해 놓은 바이오 가이드서. 바이오에 관심은 있지만 쉽게 접근하기 어려워하던 독자들이 바이오에 금방 친숙해질 수 있고, 관련 용어 해설을 수록해 놓았다는 것이 이 책의 최대 장점!!　신국판 / 328쪽 / 12,000원

재테크 경제학 (박근수)　　　　창업 (김종결)

주　식

개미군단 대박맞이 주식투자
홍성걸 (한양증권 투자분석팀 팀장) 지음

초보에서 인터넷을 활용한 주식투자까지 필자의 현장에서의 경험을 바탕으로 한 주식 성공전략의 모든 정보 수록.
신국판 / 310쪽 / 9,500원

알고 하자! **돈되는 주식투자**
이길영 외 2명 공저

일본과 미국의 주식시장을 철저한 분석과 데이터화를 통해 한국 주식시장의 투자의 흐름을 파악함으로써 한국 주식시장에서의 확실한 성공전략 제시!!　신국판 / 384쪽 / 12,500원

항상 당하기만 하는 개미들의 매도 · 매수타이밍 **999% 적중 노하우**
강경무 지음

승부사를 꿈꾸며 와신상담하는 모든 이들에게 희망의 등불이 될 것을 확신하는 Jusicman이 주식시장에서 돈벌고 성공할 수 있는 비결 전격공개!!　신국판 / 336쪽 / 12,000원

부자 만들기 주식성공클리닉
이창희 지음

주식투자에 성공하기 위해서는 자신만의 투자철학을 가지고 적기투자를 해야만 한다. 저자의 경험담을 섞어서 주식이란 무엇인가를 풀어서 써놓은 주식입문서. 초보자와 자신을 성찰해 볼 기회를 가지려는 기존의 투자자를 위해 태어났다.
신국판 / 372쪽 / 11,500원

선물 · 옵션 이론과 실전매매
이창희 지음

철저한 정글의 법칙이 적용되는 선물과 옵션시장에서 일반인들이 실패하는 원인을 분석하고, 반드시 지켜야 할 투자원칙에 따라 유형별로 실전 매매 테크닉을 터득함으로써 투자를 성공적으로 할 수 있게 한 지침서!!
실패를 딛고 일어선 저자의 생생한 실전 노하우를 수록.
신국판 / 372쪽 / 12,000원

주가차트 (홍성무)

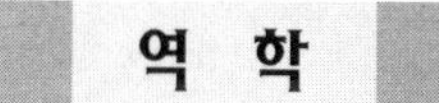

역　학

역리종합 **만세력**
정도명 편저

피흉취길해 나갈 수 있는 생활의 지침서!!
현존하는 만세력 중 최장 기간을 수록하였으며 누구나 이 책을 보고 자신의 사주를 쉽게 찾아보고 맞춰 볼 수 있게 하였다.
신국판 / 532쪽 / 10,500원

작명대전
전보구 지음

좋은 이름 짓는 원리를 체계적으로 공식화한 "쉽게 짓는 작명법"으로 독자들 스스로 작명할 수 있도록 한글 소리 발음에 입각한 작명의 원리를 밝힌 실라잡이이다.　신국판 / 460쪽 / 12,000원

하락이수 해설
이천교 편저

점서학인 하락이수를 직역으로 풀어 놓아 원작자의 깊은 뜻을 원형 그대로 전달하고 원문을 공부하려는 사람들에게 도움이 되는 해설서이다.　신국판 / 620쪽 / 27,000원

현대인의 창조적 **관상과 수상**
백운산 지음

관상에는 그 사람의 평생 운명이 담겨져 있다. 관상을 보면 그 사람의 성격 및 운세, 미래의 성공 여부도 예측할 수 있다.
관상학을 터득하여 적절히 운명에 대처해 나감으로써 어느 분야에서든지 성공적인 삶을 누릴 수 있는 비법을 전해줄 것이다.　신국판 / 344쪽 / 9,000원

대운용신영부적
정재원 지음

운명을 새롭게 변화시켜주는 신비의 영부적!!
수많은 역사와 신비로운 경험을 지닌 1,000여 종의 부적과 저자가 수십 년간 연구 · 개발한 200여 종의 부적들을 집대성한 국내 최대의 영부적이다.　신국판 양장본 / 750쪽 / 39,000원

사주비결활용법

이세진 지음

컴퓨터와 역학의 만남!! 왕초보자도 한글만 알면 신녹현사주 방정식을 실전에 응용할 수 있다. 운명의 숨겨진 비밀을 꿰뚫어 보는 신녹현사주 방정식의 모든 것을 수록하였다.
신국판 / 392쪽 / 12,000원

컴퓨터세대를 위한 新 성명학대전

박용찬 지음

이름 속에 운명을 바꾸는 비결이 있다. 태어난 아기 이름은 물론 개명 · 상호 · 아호 짓는 법까지 사람이 살아가면서 필요한 모든 이름 짓기가 총망라되어 각자의 개성과 사주에 맞게 이름을 지음으로써 본인의 삶에 이름값을 할 수 있도록 누구나 쉽게 짓는 작명비법을 수록하였다.   신국판 / 388쪽 / 11,000원

길흉화복 꿈풀이 비법

백운산 지음

김일성 사망과 올림픽 유치, 월드컵 공동 개최를 예언하는 등 국내의 큰 예언을 꿈풀이를 통해서 정확히 맞춰온, 30년이 넘는 세월을 역학에 몸담으면서 터득한 꿈과 관련된 해몽들이 상세하게 수록되어 있고 길몽과 흉몽을 구분하여 그림과 함께 보기 쉽게 엮었으며, 특히 요즘 신세대 엄마들에게 관심이 많은 태몽이 여러 가지로 자세하게 풀이되어 있다.
신국판 / 410쪽 / 12,000원

새천년 작명컨설팅

정재원 지음

오랜 세월 철학원을 운영한 저자의 경험을 바탕으로 일반인들도 '참 쉽다' 라는 표현이 저절로 나올 수 있도록 쓰여졌다. 독학으로 풍수지리학, 사주추명학 및 성명학을 섭렵한 저자의 경험을 되살려, 혼자 배워야 하는 독자들도 정말 이해하기 쉽도록 구성된 신세대 부모를 위한 쉽고 좋은 아기 이름만들기의 결정판이다. 더불어 개명 · 상호명 · 회사명 · 상품명까지 체계적으로 원리화하여 손쉽게 지을 수 있는 작명비법을 제시한다.
신국판 / 470쪽 / 13,000원

백운산의 신세대 궁합

백운산 지음

인간의 운명을 예언하는 역리학의 대가이며, 매스컴을 통하여 잘 알려진 백운산 선생이 남녀궁합 보는 법뿐만 아니라 인간관계, 출세, 재물, 자손문제, 건강문제, 성격, 길흉관계 등을 미리 규명할 수 있도록 쉽게 풀어놓았다.   신국판 / 304쪽 / 9,500원

동자삼 작명학

남시모 지음

한글 성명만으로 사람의 운세를 예측할 수 있다. 최초의 한글 성명학으로 한글의 독창성 · 우수성 · 과학성을 운명철학 차원에서 검증한, 한국사람에게 알맞은 건물명 · 상호 · 물건명 등의 이름을 자신에게 맞는 한글이름으로 지을 수 있는 작명비법을 제시한다.   신국판 / 496쪽 / 15,000원

구성학의 기초

문길여 지음

좋지 않은 운(運)을 길운(吉運)으로 바꾸어 운명을 새롭게 변화시키는 방위학의 모든 것을 통하여 개인의 일생운 · 결혼운 · 사고운 · 가정운 · 부부운 · 자식운 · 출세운을 성공적으로 이끄는 비법 공개.   신국판 / 412쪽 / 12,000원

제조물책임배상

강동근(변호사) · 윤종성(검사) 공저

2002년에 새로 제정되는 제조물책임배상법에 관한 모든 것 수록. 제품의 설계 · 제조 · 표시상의 결함 등으로 소비자가 생명, 신체, 재산상의 피해를 입었을 때 제조업자가 책임져야 할 법적 한계 등이 자세히 설명되어 있다.   신국판 / 304쪽 / 9,800원

여성을 위한 성범죄 법률상식

조명원(변호사) 지음

성희롱에서 성폭력범죄까지 여성이었기 때문에 특히 말 못하고 당해야만 했던 이 땅의 여성들을 위한 성범죄 법률상식서. 사례별 법적 대응방법 제시.   신국판 / 248쪽 / 8,000원

아파트 난방비 75% 절감방법

고영근 지음

예비역 공군소장이 잘못 부과된 아파트 난방비를 최고 75%까지 줄일 수 있는 방법을 구체적인 법적 근거를 토대로 작성한 아파트 난방비 절감방법 제시.   신국판 / 238쪽 / 8,000원

일반인이 꼭 알아야 할 절세전략 173선

최성호(공인회계사) 지음

세법을 제대로 알면 돈이 보인다.
현직 공인중계사가 알려주는 합법적으로 세금을 덜 내고 돈을 버는 절세전략의 모든 것!
신국판 / 392쪽 / 12,000원

변호사와 함께하는 부동산 경매 닷컴

최환주(변호사) 지음

경매재테크의 성공을 위한 입찰준비에서 낙찰까지의 경매 입찰 테크닉을 경매 전문 변호사가 명쾌하게 해설한 실전 경매 완벽 가이드서.   신국판 / 364쪽 / 11,000원

혼자서 쉽고 빠르게 할 수 있는 소액재판

김재용 · 김종철 공저

소액재판 · 지급명령 · 민사조정제도는 변호사의 도움 없이도 나 혼자서 간단하고 빠르게 해결할 수 있는 법정분쟁해결방법이다. 나홀로 소액재판을 할 수 있도록 소장작성에서 판결까지의 실제 재판과정을 상세하게 수록하여 이 책 한 권이면 모든 것을 완벽하게 해결할 수 있다.   신국판 / 312쪽 / 9,500원

"술 한 잔 사겠다"는 말에서 찾아보는 채권 · 채무

변환철 지음

현대인들의 삶은 채권 · 채무라는 법률영역으로부터 벗어나서 살 수 없기 때문에 채권 · 채무 관련 분쟁이 끊임없이 발생하고 있다. 이러한 사실에 착안하여 전문 변호사가 속시원하게 구수한 문장력으로 해설해주는 일반인들이 꼭 알아야 할 채권 · 채무에 관한 법률 사항을 빠짐없이 수록했다.
신국판 / 408쪽 / 13,000원

알기쉬운 부동산 세무 길라잡이

이건우 지음

부동산을 사거나 팔 경우, 상속을 받을 경우, 또는 부동산을 소유하고 있을 경우에 세금을 내야 한다는 사실을 모르는 사람은 없을 것이다. 이 책에서는 부동산에 관련된 모든 세금을 알기

쉽게 단계별로 해설하고 있다. 합리적이고 탈세가 아닌 적법한 절세법 제시.   신국판 / 400쪽 / 13,000원

알기쉬운 어음, 수표 길라잡이

변환철(변호사) 지음

어음, 수표의 발행에서부터 추심과 지급, 사고 어음, 수표의 처리방법, 도난 또는 분실한 경우의 공시최고와 제권판결에 이르기까지 어음, 수표 관련 법률사항을 쉽고도 상세하게 설명, 한 권으로 압축해 놓은 생활법률서.

신국판 / 328쪽 / 11,000원

제조물책임법

강동근 · 윤종성 공저

제품의 설계, 제조, 표시상의 결함으로 소비자가 피해를 입었을 때 제조업자가 배상책임을 져야 하는 제조물책임 시대를 맞아 제조업자가 갖춰야 할 법률적 지식을 조목조목 설명해 놓은 법률서.   신국판 / 368쪽 / 13,000원

생활법률

부동산 생활법률의 기본지식

대한법률연구회 지음 · 김원중 감수

부동산관련 기초지식과 분쟁해결을 위한 노하우, 테크닉을 제시하고 권두 특집으로 주택건설종합계획과 부동산 관련 정부 주요 시책을 소개하였다.   신국판 / 480쪽 / 12,000원

고소장 · 내용증명 생활법률의 기본지식

하태웅 지음

독자들이 고소 · 고발의 법적 의미를 정확히 이해하고 스스로 고소 · 고발장을 작성할 수 있도록 예문과 서식을 함께 소개하여 문제 해결에 대응할 수 있도록 하였다. 또 민사소송에 대해서도 자세하게 설명하였으며 부록에는 형법과 형사소송법외 원문을 게재하여 법전 역할까지 할 수 있도록 하였다.

신국판 / 440쪽 / 12,000원

노동 관련 생활법률의 기본지식

남동희 지음

인터넷 노무 상담실을 운영하며 4만 여 건 이상의 무료 상담을 계속하고 있는 저자의 상담 사례를 통해 문답식으로 속시원하게 풀어나가는 노동 관련 생활법률 해설의 최신 결정판이다. 아울러 취업규칙 · 단체협약 · 고용보험 관련 여러 가지 서류 및 직장 내 성희롱 예방 지도 지침 등과 같은 노동 관련 양식도 곁들였다.   신국판 / 528쪽 / 14,000원

외국인 근로자 생활법률의 기본지식

남동희 지음

외국인 연수협력단의 자문위원으로 오랜 시간 실무를 접했던 저자의 경험을 바탕으로 외국인 근로자의 체류자격 및 취업자격 등 법적 문제와 법률적 지위를 상세하게 다루었다.

신국판 / 400쪽 / 12,000원

계약작성 생활법률의 기본지식

이상도 지음

법을 전공하지 않은 사람이라도 국민생활과 직결된 계약법의 기초를 이루는 핵심 기본지식을 체계적으로 쉽게 이해할 수 있도록 했으며, 간단명료한 해설과 더불어 이와 관련된 계약서 작성 예문을 상세하게 예시함으로써 실제 상황에 활용가능하게 하였다.   신국판 / 560쪽 / 14,500원

지적재산 생활법률의 기본지식

이상도 · 조의제 공저

현대 산업사회에서 중요시되고 있는 특허, 실용신안, 의장, 상표, 저작권, 컴퓨터프로그램저작권 등 지적재산의 모든 것을 체계화하여 한 권으로 요약하였다. 아울러 지적재산 전체를 통틀어 다루되 상호 연관적으로 해설하여 실무에 직접 활용할 수 있도록 하였다.   신국판 / 496쪽 / 14,000원

부당노동행위와 부당해고 생활법률의 기본지식

박영수 지음

노사관계 이슈 중에서 주요 핵심사항인 부당노동행위와 정리해고 · 징계해고를 중심으로 간단 명료한 해설과 더불어 대법원 판례, 노동위원회에 의한 구제절차, 소송절차 및 노동부 업무처리지침을 소개하여 실질적인 도움이 되도록 하였다.

신국판 / 432쪽 / 14,000원

주택 · 상가임대차 생활법률의 기본지식

김운용 지음

전세업자들이 보증금 반환소송이나 민사소송, 경매절차까지의 모든 기본적인 흐름을 알 수 있도록 인터넷을 통한 실제 법률 상담을 전격 수록하였다. 이 책을 통하여 사전 분쟁을 막고 많은 시간과 비용 및 정신적 고통까지 당하는 소송이나 강제집행의 단계에 이르지 않고 문제 해결을 할 수 있도록 하였다.

신국판 / 480쪽 / 14,000원

하도급거래 생활법률의 기본지식

김진홍 지음

경제적 약자인 하도급업자를 위하여 하도급거래 관련 필수적인 법률사안들을 쉽게 해설함과 동시에 실무에 필요한 12가지 하도급표준계약서를 소개하여 공정한 하도급거래의 법률자문 역할을 알 수 있노록 하였다.   신국판 / 440쪽 / 14,000원

이혼소송과 재산분할 생활법률의 기본지식

박동섭 지음

이혼과 관련하여 해결해야 할 법률문제들을 저자의 실무경험을 바탕으로 명쾌하게 해설하였다. 아울러 약혼이나 사실혼파기로 인한 위자료문제도 함께 다루어 가정문제로 고민하는 사람들에게 길잡이가 되도록 하였다.   신국판 / 460쪽 / 14,000원

부동산등기 생활법률의 기본지식

정상태 지음

등기를 하지 않으면 어떤 위험이 따르고, 등기를 하면 어떤 효력이 생기는가! 등기신청은 어떻게 하며, 필요한 서류는 무엇이고, 등기종류에는 어떤 것들이 있는가 등 부동산등기 전반에 걸쳐 일반인이 꼭 알아야 할 법률상식을 간추려 간단, 명료하게 해설하였다.   신국판 / 456쪽 / 14,000원

기업경영 생활법률의 기본지식

안동섭 지음

사업을 구상하고 있는 사람이나 현재 경영하고 있는 사람 및 관리실무자에게 필요한 법률을 체계적으로 알려줌으로써 성공적인 기업 경영자의 비전을 제시해준다. 또한 관련 법률서식과 서식작성 예문도 함께 소개하였다.   신국판 / 466쪽 / 14,000원

교통사고 생활법률의 기본지식

박정무 · 전병찬 공저

교통사고 관련 법률문제를 몰라 당황한 나머지 억울하게 피해를 보는 사람들이 많은 점을 고려하여 사고당사자가 쉽게 응용할 수 있도록 단계별 해결책을 제시함과 동시에 사고유형별 Q&A를 통하여 상세한 법률자문 역할을 하였다.
신국판 / 480쪽 / 14,000원

소송서식 생활법률의 기본지식

김대환 지음

일상생활과 밀접한 소송서식을 중심으로 소장작성부터 판결을 받을 때까지 그 절차마다 법원에 제출하는 순위에 따라 그 서식작성요령을 서식마다 항목별로 자세하게 설명하였다. 실제 "소장 작성례"를 예시하고 주요 항목마다 번호를 붙여 그에 따른 작성요령을 소장말미에 기재함으로써 독자 스스로 소송을 하는 데 실질적인 도움이 되도록 하였다.
신국판 / 480쪽 / 14,000원

호적 · 가사소송 생활법률의 기본지식

정주수 지음

모든 국민은 호적신고에 따라 그 신분관계의 발생 · 변경 · 소멸의 효력이 발생한다. 이 책은 개명, 성 · 본 창설, 취적절차 및 법원의 허가 및 판결에 의한 호적정정절차, 친권 · 후견절차, 실종선고 · 부재선고절차에 이르기까지 상세한 해설과 함께 신고서식 작성요령과 구비할 서류 및 재판절차에 대하여 자세히 설명하였다.   신국판 / 516쪽 / 14,000원

상속과 세금 생활법률의 기본지식

박동섭 지음

지금 우리 주위에 상속을 둘러싸고 형제간, 부모자식간에 다툼이 갈등이 있는 경우를 심심치 않게 본다. 이럴 때 상속재산분할, 상속회복청구, 유류분반환청구, 상속세부과처분취소 등 상속관련 사건들을 해결하는 데 도움이 되도록 상속법과 상속세법을 상세하게 함께 수록.   신국판 / 480쪽 / 14,000원

처 세

성공적인 삶을 추구하는 여성들에게 우먼파워

조안 커너 · 모이라 레이너 공저, 지창영 옮김

사회의 여성을 향한 냉대와 편견의 벽을 깨뜨리고 성공적인 삶을 이루려는 여성들이 갖추어야 할 자세 및 삶의 이정표 제시!!
신국판 / 352쪽 / 8,800원

聽 이익이 되는 말 話 손해가 되는 말

우메시마 미요 지음 · 정성호 옮김

상호 교류감이 있는 대화가 인생과 비즈니스를 성공으로 이끈다. 직장이나 집안에서 언제나 주고받는 일상의 화제를 모아 실음으로써 대화의 참의미를 깨닫고 비즈니스를 성공적으로 이끌기 위한 대화술을 키우는 방법 제시!!
신국판 / 304쪽 / 9,000원

성공하는 사람들의 화술테크닉

민영욱 지음

개인간의 사적인 대화에서부터 대중을 위한 공적인 강연에 이르기까지 어떻게 말하고 어떻게 스피치를 할 것인가에 관한 지침서. 자신의 경험을 바탕으로 한 이론을 통해 화술이 부족해서 사회에 적응하지 못하는 사람들에게 길라잡이가 된다.
신국판 / 320쪽 / 9,500원

부자들의 생활습관 가난한 사람들의 생활습관

다케우치 야스오 지음 · 홍영의 옮김

경제학의 발상을 기본으로 하여 사람들이 살아가면서 생활에서 생각해 볼 수 있는 이익을 보는 생활습관과 손해를 보는 생활습관을 수록, 독자 자신에게 맞는 생활습관의 기본 전략을 설계할 수 있도록 제시.   신국판 / 320쪽 / 9,800원

코끼리 귀를 당긴 원숭이-히딩크식 창의력을 배우자

강충인 지음

코끼리와 원숭이의 우화를 히딩크의 창조적 경영기법과 리더십에 대비하여 자기혁신, 기업혁신을 꾀하는 창의력 개발법을 제시.   신국판 / 208쪽 / 8,500원

명 상

명상으로 얻는 깨달음

달라이 라마 지음 · 지창영 옮김

티베트의 정신적 지도자이자 실질적 지도자인 달라이 라마의 수많은 가르침 가운데 현대인에게 필요해지고 있는 인내에 대해 문답형으로 풀어놓았다. 달라이 라마와 함께 풀어보는 인내에 대한 이야기.   국판 / 320쪽 / 9,000원

어 학

2진법 영어

이상도 지음

영어학습의 대혁명!!
2진법 영어의 비결을 통해서 기존 영어학습 방법의 단점을 말끔히 해소시켜 주는 최초로 공개되는 고효율 영어학습 방법. 적은 시간을 투자하여 영어의 모든 것을 획기적으로 향상시킬 수 있는 비법을 제시한다.   4 · 6배판 변형 / 328쪽 / 13,000원

한 방으로 끝내는 영어

고제윤 지음

일상생활에서의 이야기를 바탕으로 하는 영어강의로 영어문법은 재미없고 지루하다고 생각하는 이 땅의 모든 사람들의 상식을 깨면서 학습 효과를 높이기 위한 공부방법을 제시하는 새로운 영어학습서.
이 책으로 영어문법을 마스터하여 영어의 벽을 뛰어넘도록 하자.   신국판 / 316쪽 / 9,800원

한 방으로 끝내는 영단어

김승엽 지음 / 김수경 · 카렌다 감수

일상생활에서 우리가 무심코 던지는 영어 한마디가 당신의 영어수준을 드러낸다는 사실을 깨닫게 하는 영어 실용서. 풍부한 예문을 통해 참영어를 배우겠다는 사람, 무역업이나 관광 안내업에 종사하는 사람, 영어권 나라로 이민을 가려는 사람들에게 많은 도움을 줄 것이다. 4 · 6배판 변형 / 236쪽 / 9,800원

테마별 고사성어로 익히는 한자
김경익 지음

세글자, 네글자로 이루어진 고사성어를 통해 실용한자를 익히고 성어 속에 담긴 의미도 오늘에 맞게 재해석 해보는 한자 학습서 4 · 6배판 변형 / 248쪽 / 9,800원

해도해도 안 되던 영어회화 하루에 30분씩 90일이면 끝낸다
Carrot Korea 편집부 지음

온라인과 오프라인을 넘나들면서 영어학습자들의 각광을 받고 있는 린다의 현지 생활 영어 수록. 교과서에서 배울 수 없었던 생생한 실생활 영어를 90일 학습으로 모두 끝낼 수 있다.
4 · 6배판 변형 / 256쪽 / 11,000원

기초영어회화(김수경)　　　　　**영어회화3000(강규형)**
영어로 배우는 중국어(김숭엽)

스포츠

수열이의 브라질 축구 탐방 삼바 축구, 그들은 강하다
이수열 지음

축구에 대한 관심만으로 각 나라의 축구팀, 특히 브라질 축구팀에 애정을 가지고 브라질 축구팀의 전력 및 각 선수들의 장단점을 나름대로 분석하고 연구하여 자신의 의견을 피력하고 있는 축구 길라잡이서. 신국판 / 280쪽 / 8,500원

마라톤, 그 아름다운 도전을 향하여
빌 로저스 · 프리실라 웰치 · 주 헨더슨 공저, 우인환 감수, 지창영 옮김

마라톤에 입문하고자 하는 초보 주자들을 위한 마라톤 가이드서. 올바르게 달리는 법, 음식 조절법, 달리기 전 준비운동, 주자에게 맞는 프로그램 짜기, 부상 예방법을 상세하게 설명하고 있다. 4 · 6배판 / 320쪽 / 15,000원

코끼리 귀를 당긴 원숭이
-히딩크식 창의력을 배우자

2002년 8월 15일 제1판 1쇄 인쇄
2002년 8월 25일 제1판 1쇄 발행

지은이/강충인
펴낸이/강선희
펴낸곳/가림출판사

등록/1992. 10. 6. 제4-191호
주소/서울시 광진구 구의동 57-71 부원빌딩 4층
대표전화/458-6451   팩스/458-6450
홈페이지 http://www.galim.co.kr
e-mail galim@galim.co.kr

값 8,500원

ISBN 89-7895-116-3 13320